Friedrich Jantzen

Island in Farbe

Ein Reiseführer für Naturfreunde

Kosmos
Gesellschaft der Naturfreunde
Franckh'sche Verlagshandlung
Stuttgart

Mit 54 Farbfotos von Friedrich Jantzen und zwei farbigen Karten von Klaus Meier nach Vorlagen des
Verfassers

Umschlag von Edgar Dambacher unter Verwendung einer Aufnahme von Friedrich Jantzen
Das Bild zeigt den Wasserfall Ófœrufoss in der Eldgjá

**Die Bände der Kosmos-Bibliothek erscheinen als Vierteljahres-Buchbeigaben
der Monatshefte Kosmos – Bild unserer Welt**

Für die Bezieher (Mitglieder) des Kosmos
bilden sie einen Bestandteil der Abonnementsleistung

Kosmos-Bibliothek 1980:
Band 305: Jantzen, Island in Farbe
Band 306: Herrmann, Das Weltall in Farbe
Band 307: Sauer, Mikroskopie
Band 308: Michel, Allergien

Änderungen vorbehalten

Über Veröffentlichungen, Bedingungen und Leistungen des Kosmos
unterrichtet Sie jede Buchhandlung
oder die Hauptgeschäftsstelle des „Kosmos": Postfach 640, 7000 Stuttgart 1

Bild 1 (Seite 2). Sommernacht auf Island im Gebiet des Laki.

Franckh'sche Verlagshandlung, W. Keller & Co., Stuttgart/1980
Alle Rechte, insbesondere das Recht der Vervielfältigung, Verbreitung und Übersetzung, vorbehalten.
Kein Teil des Werkes darf in irgendeiner Form (durch Fotokopie, Mikrofilm oder ein anderes Verfah-
ren) ohne schriftliche Genehmigung des Verlages reproduziert oder unter Verwendung elektroni-
scher Systeme verarbeitet, vervielfältigt oder verbreitet werden.
© 1980, Franckh'sche Verlagshandlung, W. Keller & Co., Stuttgart
L 14 H hö/ISBN 3-440-00305-1/Printed in Germany/Imprimé en Allemagne
Gesamtherstellung: Konrad Triltsch, Graphischer Betrieb, Würzburg

Island in Farbe

Anmerkung: Die isländischen Buchstaben für die „th"-Laute mußten in deutscher Schreibweise wiedergegeben werden, und zwar hart als „Th" bzw. „th" und weich als „d".

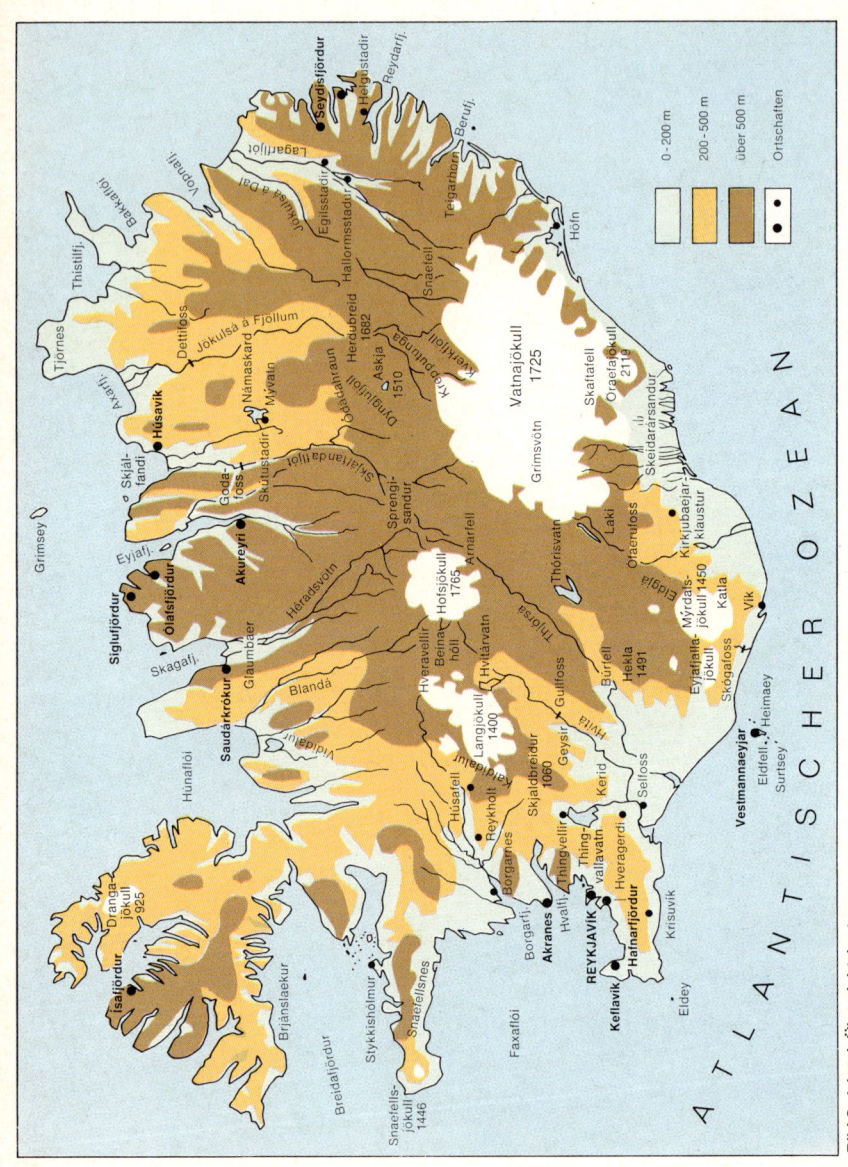

6

Bild 2. Island, Übersichtskarte.

Geographische Lage und Klima

Mit 103 106 km² ist Island knapp halb so groß wie die Bundesrepublik Deutschland (247 960 km²). Die größte west-östliche Ausdehnung beträgt 500 km, von Norden nach Süden 300 km. Die Einwohnerzahl des ganzen Landes ist mit 220 000 (1975) so groß wie die einer mittleren deutschen Stadt, z. B. Kassel. Dennoch ist die Bevölkerungszahl für Island verhältnismäßig hoch, wenn man bedenkt, daß der größte Teil des Landes wirtschaftlich nicht nutzbar ist und Industrie weitgehend fehlt. Die wirtschaftliche Entwicklung hält mit dem Bevölkerungswachstum kaum Schritt. Daher ist eine Ansiedlung von Ausländern nicht tragbar und wird durch strenge Einwanderungsbestimmungen so gut wie unterbunden.

Island ist sehr gut kartiert. Die meist benutzte Übersichtskarte ist Uppdráttur Ferdafélags Íslands (Tourist Map of Iceland) 1 : 750 000. Mehr Einzelheiten zeigt die amtliche Karte Uppdráttur Íslands 1 : 250 000 in neun Blättern. Allerdings sind darauf markante Punkte weniger herausgehoben, also schwerer zu finden. Außerdem gibt es noch amtliche Karten 1 : 100 000 und für einige Gebiete 1 : 50 000.

Auf der Zeitzonenkarte im Atlas läßt sich feststellen, daß Island um zwei Zonen (1 Zone = 15 Längengrade = 1 Stunde) weiter westlich liegt als Deutschland – also etwa 30 Grad. Eigentlich müßte der Zeitunterschied zwei Stunden betragen. Doch hat sich Island offiziell der Westeuropäischen Normalzeit (WEZ) – international auch als Greenwich Mean Time (GMT) bezeichnet – angeschlossen, so daß der Zeitunterschied gegenüber Deutschland (mitteleuropäische Zeit = MEZ) nur noch eine Stunde beträgt. Infolge der Erddrehung von West nach Ost ist es demnach offiziell eine Stunde (in Wirklichkeit zwei Stunden) später Mittag als in Deutschland. Wenn es also in Deutschland 12 Uhr ist, ist es in Island erst 11 Uhr.

Übergangsjahreszeiten – Frühling und Herbst – sind nicht so ausgeprägt wie in Deutschland. Als eigentlicher Sommer wird die Zeit von Mitte Mai bis Mitte September angesehen. Dann sind auch Schulferien, die in Island bis zu vier Monate dauern. In dieser Zeit – besonders im Juni – wird es in den Nächten kaum dunkel (Bild 1). Das macht deutlich, daß Island in der Nähe des nördlichen Polarkreises liegt. Dieser verläuft durch die Insel Grímsey im Norden Islands. Dort kann man am 21. Juni die Mitternachtssonne beobachten.

Die Ursache für die hellen Sommernächte am Polarkreis ist die Schiefstellung der Erdachse. Genauso schief wie ein Globus im Gestell befestigt ist, wandert die Erde in ihrem Jahreslauf um die Sonne. Dabei ist im Sommer der Nordpol der Sonne so weit zugeneigt, daß vom Polarkreis zum Pol hin die Sonne zunehmend nicht untergeht. Im Winter ist der Nordpol der Sonne entsprechend abgewandt, so daß die Sonne vom Polarkreis zum Pol hin entsprechend nicht aufgeht. Auf dem Polarkreis selbst handelt es sich jeweils nur um einen Tag im Jahr: den 21. Juni und den

21. Dezember. Auf dem Pol selbst geht die Sonne ein halbes Jahr lang nicht unter und ein halbes Jahr lang nicht auf (Polarnacht). Island liegt zwar nicht in der Arktis (nördlich des Polarkreises), doch wird es durch die unmittelbare Nähe stark geprägt. Island hat ein kaltgemäßigtes Seeklima. Der Irmingerstrom – eine Abzweigung des Golfstromes, die durch einen untermeerischen Rücken zwischen Schottland und Island verursacht wird – umspült das Land mit warmem Wasser. Von Norden bringt der Ostgrönlandstrom mit einer Abzweigung – dem Ostislandstrom – kaltes Meerwasser zur Insel. So schwankend wie der Verlauf der Meeresströmungen ist auch das Klima auf Island. Seit 1920 wurde eine allmähliche Erwärmung festgestellt. Das Packeis, das der Ostgrönlandstrom mitbringt, erreichte immer seltener die Nordküste. Seit 1965 kam wieder mehr Eis an die Küste. 1975 war noch im Juli Treibeis im Skagafjördur zu sehen.

Entsprechend den Meeresströmungen bewegen sich auch die Luftmassen. Von Südwesten weht feuchte Warmluft heran und vom Nordosten polare Kaltluft. An den Gebirgen kühlt sich die aufsteigende Luft um etwa 0,5 Grad auf 100 m Höhenunterschied ab. Dabei kommt es an der Küste zu häufigen Regenfällen und in den Bergen zu Schneefall. Auf diese Weise ist der Südosten Islands das regenreichste Gebiet. Bezeichnenderweise befindet sich hier auch der größte Gletscher – der Vatnajökull. Schneit es mehr, als es abtaut, dann ist der Gletscher im Vorrücken; ist es umgekehrt, dann befindet er sich im Rückgang.

Nach dem Übersteigen der Berge erwärmt sich die Luft wieder zu trockenen Fallwinden (Föhn), so daß es im Landesinneren wesentlich weniger regnet. Die Nordostwinde bringen weniger Feuchtigkeit mit und geben sie auch über dem Land kaum ab, so daß es im Nordosten am regenärmsten ist.

Die Zyklone, die im Wetterbericht für Mitteleuropa als Islandtiefs bezeichnet werden, kommen schon von Grönland und ziehen entweder im Norden oder im Süden von Island entlang. Sie bestimmen das Wetter entsprechend wechselhaft. Es ist nicht so, daß im ganzen Land dasselbe Wetter herrscht. Oft ist es in nördlichen Gebieten „schön", wenn es im Süden regnet oder umgekehrt. Im übrigen wechselt das Wetter sehr häufig und hält kaum länger als eine Woche an.

Bild 3. Geologische Übersicht von Island (verändert nach Landabréfabók).

	Basalt, meist vor der Eiszeit		Lava nach der Eiszeit
	Palagonit und junger grauer Basalt: Eiszeit		Vulkane, Krater und Spalten nach der Eiszeit
L	Liparit		Sander, Flußmündungsinseln
	vulkanisch aktive Zone		Gletscher

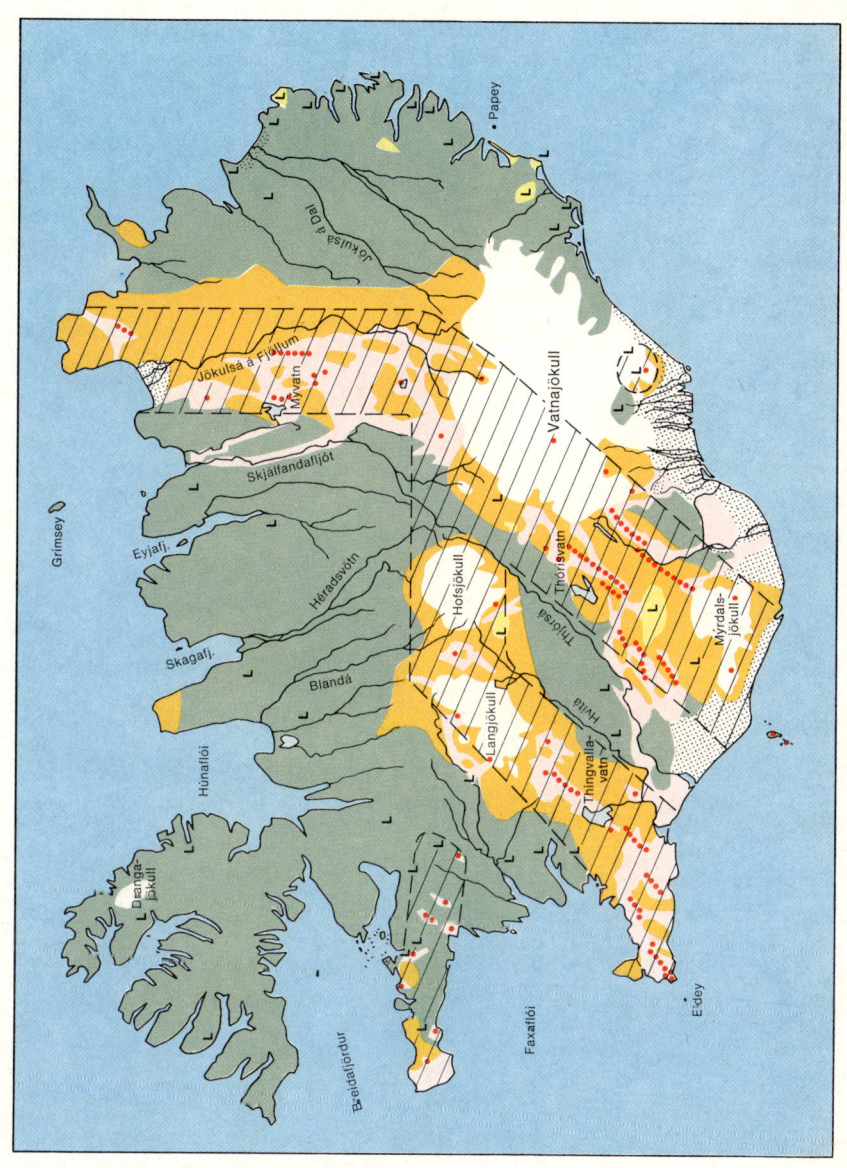

Papey

Jökulsá á Dal

Jökulsá á Fjöllum

Mývatn

Skjálfandafljót

Vatnajökull

Grímsey

Eyjafj.

Héraðsvötn

Hofsjökull

Þórisvatn

Þjórsá

Mýrdals-
jökull

Skagafj.

Blandá

Langjökull

Hvítá

Húnaflói

Þingvalla-
vatn

Danga-
jökull

Breiðafjörður

Faxaflói

Eldey

9

Die mittlere Januar-Temperatur beträgt in Reykjavík minus 0,4 Grad, in Akureyri minus 1,5 Grad, und die mittlere Juli-Temperatur in Reykjavík 11,2 Grad und in Akureyri 10,9 Grad. Im Extrem ist es im Winter kaum kälter als minus 10 Grad und im Sommer nicht wärmer als 20 Grad. Für kurze Zeit kann es an geschützten Orten auch wärmer sein. So hell es im Sommer ist, so wenig Licht ist im Winter. Um die Weihnachtszeit ist es nur wenige Stunden lang hell oder dämmrig. Zwar weht fast das ganze Jahr über Wind, doch gibt es heftige Stürme vorwiegend im Winter. Sie werden Schiffen, die an der Südküste entlangfahren müssen, manchmal zum Verhängnis (siehe S. 58). Selbst in Reykjavík gibt es bisweilen so heftige Schneestürme, daß die Schule ausfallen muß, weil die Kinder den Weg nicht finden können.

Im übrigen sind die Winter milder als in Deutschland. Eine dauerhafte Schneedecke gibt es meist nur im Norden, wo dann Wintersport möglich ist. Im Süden ist es auch im Winter zeitweise nur regnerisch.

Gewitter kommen in Island fast nicht vor. Dafür ist aber am winterlichen Himmel – im Sommer ist es zu hell dazu – oft stundenlang das eindrucksvolle Farbenspiel des Nordlichtes zu beobachten.

Aktiver Vulkanismus auf dem Atlantischen Rücken

1905/06 veröffentlichte der Isländer Thorvaldur Thoroddsen in zwei Ergänzungsbänden zu „Petermanns Mitteilungen" eine umfangreiche geographische und geologische Darstellung des Landes mit einer ersten geologischen Karte. Doch soll Thoroddsen niemals selbst einen tätigen Vulkan beobachtet haben, obwohl sich während seines Lebens mehrere Vulkanausbrüche ereignet hatten. Heutzutage ist es für die isländischen Geologen selbstverständlich, daß sie jede vulkanische Tätigkeit unmittelbar beobachten. Der derzeit bekannteste Vulkanologe ist Sigurdur Thórarinsson. Einige seiner Veröffentlichungen liegen auch in deutscher Übersetzung vor. Eine neue Geologische Karte (Jardfrædikort) 1 : 250 000 erscheint jetzt in neun Blättern.

Einem Islandreisenden kann es ähnlich ergehen wie Thoroddsen. Auch wenn er die Insel wiederholt besucht, läßt sich ein Vulkanausbruch nicht einplanen, obwohl die vielen Bildveröffentlichungen den Anschein erwecken, als seien in Island ständig Vulkane tätig. Selbst die eineinhalb Jahre andauernde Aktivität des Surtseyvulkans konnte man nur von Ferne aus dem Flugzeug anschauen. Das Betreten der neuen Insel war von Anfang an verboten; nur Wissenschaftler hatten Zutritt. So konnten sie ungestört die vulkanische Tätigkeit beobachten und die allmähliche Besiedlung

Bild 4. Blick von dem noch rauchenden Vulkan Eldfell auf die Stadt Vestmannaeyjar.

mit Organismen verfolgen. Der neue Vulkan Eldfell auf Heimaey durfte zwar besichtigt werden, nachdem das Schlimmste vorüber war (Bild 4), doch läßt das Interesse nach, sobald die Schäden im Ort beseitigt sind und Asche und Lava mit Gras und Moos überwachsen sind.

Wenn man also als Island-Besucher nur zufällig Zeuge eines Vulkanausbruches werden kann, so sind doch die Begleiterscheinungen des aktiven Vulkanismus (siehe S. 22) ständig vorhanden und nicht weniger interessant. Diese sind allerdings nicht gleichmäßig über das Land verteilt, sondern auf eine Zone beschränkt, die von Reykjanes zunächst südwest-nordostwärts verläuft und später in Süd-Nord-Richtung umschwenkt. Eine Abzweigung reicht nach Snæfellsnes hinüber. Im Südwesten setzt sich die Zone in den Vestmannaeyjar fort, auf denen die Eruptionen von Surtsey (1963) und Heimaey (1973) von der anhaltenden vulkanischen Tätigkeit zeugen.

Viele Vulkanausbrüche sind Spalteneruptionen, bei denen die oft mehrere hundert Meter langen Spalten in der gleichen Richtung verlaufen wie die vulkanisch aktive Zone durch Island. Eine reiche Erdbebentätigkeit verursacht Bruchspalten im Gelände, die auch in der gleichen Weise ausgerichtet sind. Die Erdbebenwarte in Reykjavík verzeichnet im Jahr über 300 Beben. Neben unzähligen kleinen Erdbe-

11

benspalten (isl. gjá) gibt es auch welche von gewaltigen Ausmaßen. Die Eldgjá z. B. ist 600 m breit und die Almannagjá 7 km lang.

Das waren alles bekannte Erscheinungen, ehe man sie in ein weltweites geologisches Geschehen einordnen konnte. Auf der Expedition des deutschen Forschungsschiffes Meteor 1925 bis 1927 wurde erstmals das 1913 erfundene Echolot zur Vermessung des Meeresgrundes im Südatlantik eingesetzt. Das überraschende Ergebnis war, daß sich mitten im Ozean ein gewaltiger untermeerischer Gebirgszug befindet, der von Süden nach Norden verläuft. Im Internationalen Geophysikalischen Jahr 1958 wurde auch der Nordatlantik weiter erforscht. Man erkannte jetzt, daß sich der Höhenzug durch den gesamten Atlantik erstreckt. Als Mittelatlantischer Rücken ist er jetzt in allen neuen Atlaskarten eingezeichnet, ebenso wie seine Entsprechungen in den anderen Ozeanen. Mit Ausnahme einiger kleiner Vulkaninseln erhebt sich der Mittelatlantische Rücken nur in Island über den Meeresspiegel. Sein Verlauf deckt sich hier genau mit der vulkanisch aktiven Zone.

Da die Wissenschaftler an den untermeerischen Gebirgen schlecht arbeiten können, ist Island zum wichtigsten Punkt der Erforschung des Mittelatlantischen Rückens geworden. Sämtliches Gesteinsmaterial von Island besteht direkt oder indirekt aus Basalt und ähnlichem Material, wie der Mittelatlantische Rücken auch. Gesteine, wie sie sonst noch auf den Kontinenten vorkommen, gibt es in Island nicht. Die Basalte sind geologisch junges Gestein und werden bis in das Tertiär zurückdatiert. Die alten Plateaubasalte sind in Island nach Westen und Osten auseinandergeschoben. Sie fallen zur vulkanisch aktiven Zone ab und sind zur Küste hin isostatisch gehoben, was man aus dem Verlauf früherer Küstenlinien im Gestein schließt. Aus Vermessungen weiß man, daß die Dehnung 3,5 m je km in 1000 Jahren ausmacht. d. h. 3,5 mm im Jahr. Auch von den Kontinenten weiß man inzwischen, daß sie meßbar auseinanderdriften. So hat die seinerzeit umstrittene Wegnersche Kontinentalverschiebungstheorie doch noch eine Bestätigung erfahren, wenn auch in modifizierter Form. Der Mittelatlantische Rücken läßt sich als die „Wunde" ansehen, die durch das Auseinanderdriften der Kontinente in den Ozeanboden gerissen wird. An diesen schwachen Stellen der Erdrinde dringt fortwährend Magma an die Oberfläche und türmt dabei das basaltische Gebirge auf.

Eine Erklärung dieser Vorgänge ist allerdings nicht einfach. Die ausgetretenen Basaltmassen, die nun ebenfalls auseinanderdriften, sind durchsetzt von Verwerfungen, Verzweigungen und wiederholten Wechseln im Magnetfeld, das bei der Erstarrung fixiert wurde. Eine Fülle von Fragen ist aufgekommen, die zur wissenschaftlichen Erarbeitung eines „neuen Bildes der Erde" drängt, wie es Wunderlich in seinem Buch aufzuzeigen versucht hat. Dabei kommt der Plattentektonik ein besonderes Gewicht zu, und es wird noch viel wissenschaftliche Kleinarbeit nötig sein, um das Entstehen und Vergehen der Kontinente verstehen zu lernen. Beobachtungsmaterial und Meßergebnisse liegen reichlich vor.

Vulkane und Lava

Lange herrschte Unklarheit über die Entstehung der „Horstvulkane", wie z. B. des bekannten Berges Herdubreid (Bild 5). Inzwischen weiß man, daß es sich um Vulkane handelt, die unter der glazialen Eisdecke ausgebrochen sind. Eine flache Lavadecke, die schon damals über das Eis herausragte, schützte die Lockermassen darunter beim Abschmelzen des Eises vor der Abtragung. Die lockeren, steilen Berghänge sind schwer oder überhaupt nicht zu besteigen.

Schildvulkane sind durch langanhaltenden Ausbruch dünnflüssiger, gasarmer Lava entstanden. Demzufolge ist ihr Böschungswinkel so gering, daß sie im Gelände bisweilen wenig auffallen. Mit 7,5 Grad Hangneigung ist der Skjaldbreidur bei Thingvellir der eindrucksvollste. Einige der insgesamt etwa 30 nacheiszeitlichen Schildvulkane haben jedoch nur eine Hangneigung von 2 Grad. Keiner von ihnen war in historischer Zeit mehr aktiv.

Im Bergmassiv Dyngjufjöll, das man als einen eiszeitlichen Schildvulkan deutet, gab es wieder vulkanische Aktivität. Als große Einsenkung hat sich auf ihm die Caldera

Bild 5. Der Horstvulkan Herdubreid, im Vordergrund Engelwurz.

der Askja (= Schachtel) gebildet. Von ihr kennt man eine Reihe von Ausbrüchen in neuerer Zeit. Als kleine Caldera in der Askja bildete sich das Öskjuvatn infolge eines Ausbruches im Januar 1875, und das Víti (= Hölle) mit dem brodelnden, gelblichen Schlamm ist der Explosionskrater des Ausbruches vom März 1875 (Bild 6). Liparitberge (= Rhyolithberge) wie in Landmannalaugar (Bild 7) gibt es an verschiedenen Orten Islands. Teils sind sie als Reste von „Zentralschloten" tertiärer Eruptionen gedeutet worden, teils sind sie jüngeren Datums. Die bunten Gesteinsmassen heben sich vom dunklen Basalt ab, und sie haben auch chemisch eine andere Zusammensetzung. Sie entsprechen dem Granit, haben jedoch eine völlig andere, feinere Struktur, die durch schnelle Abkühlung entstanden ist. Granit ist ein Tiefengestein, das in Island nicht vorkommt, Liparit ein Ergußgestein.

Am 23. Januar 1973 zeigte sich auf Heimaey erneut, welcher Art die häufigsten Vulkanausbrüche in Island sind. Eine etwa zwei Kilometer lange, von Süden nach Norden verlaufende Spalte tat sich auf, in der zahlreiche kleine Vulkane Feuer spien. Zwar konzentrierten sich die Eruptionen bald auf eine einzige Austrittsstelle, an der sich vor allem aus Schlacken der Eldfell aufbaute. Die aus seinem Krater austretenden Asche- und Lavamassen bedrohten jedoch nicht nur die Stadt Vestmannaeyjar, sondern verschütteten auch die Krater der Eruptionsspalte wieder.

Auch die im vorhergehenden Kapitel erwähnte Eldgjá reicht so weit in die Tiefe hinab, daß Lava ausgetreten ist, allerdings nicht in Vulkanen. Die Datierung ihrer Entstehung ist nicht eindeutig. Sie wird für das 7. oder 8. Jahrhundert, also noch vor der Besiedlung, angenommen.

Die Dicke der Erdkruste wird in Island aufgrund von Erdbebenmessungen auf etwa 10 km geschätzt, d. h. das glutflüssige Magma liegt recht nahe an der Oberfläche. Auf diese Weise ist die Spaltenbildung infolge der Dehnungs- bzw. Zerrungstektonik meist mit vulkanischer Tätigkeit verbunden.

So kam es auch zu Islands größtem geschichtlichen Vulkanausbruch, der Laki-Eruption von 1783. Im Bereich des eiszeitlichen Vulkans bildete sich eine 25 km lange Spalte, in der 115 heute noch sichtbare Vulkankegel in acht Monaten über 12 km³ Lava förderten. Diese (eldhraun) floß bis in die Nähe von Kirkjubæjarklaustur (Bild 9) und richtete zusammen mit den ebenfalls ausgeworfenen 3 km³ Asche und den fluorhaltigen giftigen Gasen große Verwüstungen an, durch die viele Menschen und Tiere starben.

Der bekannteste isländische Vulkan, die Hekla, ist eigentlich ein Schicht- oder Stratovulkan. Doch erfolgten ihre Eruptionen – die Hekla ist in geschichtlicher Zeit am

Bild 6 (rechts oben). Askja mit Víti und Öskjuvatn. Diese drei Calderen sind bei verschiedenen Ausbrüchen entstanden.
Bild 7 (rechts unten). Liparitberge in Landmannalaugar.

häufigsten tätig gewesen – meist auch aus Spalten, so daß sie ein länglicher Bergrükken ist.

Die Stratovulkane Islands haben sonst die bekannte Kegelform und sind aus Schichten wiederholter Ausbrüche aufgebaut. Sie sind auch zugleich die höchsten und meist mit Eis bedeckt wie der Snæfellsjökull (1446 m), der in historischer Zeit nicht mehr ausgebrochen ist, und der Öræfajökull (2119 m) südlich des Vatnajökull, der 1362 einen großen und 1727 einen kleinen Ausbruch hatte. Auch der Helgafell auf Heimaey ist ein Stratovulkan.

Vulkane mit klar ausgebildetem Kraterrand, aus dem die Lava ausfloß, heißen in Island eldborg = Feuerburg. Maare sehen zwar ähnlich aus, doch sind sie bei einer einmaligen Explosion entstanden, bei der das hochgeschleuderte Material zum Teil wieder in den Krater zurückfiel, der sich dann später mit Wasser füllte. Ein bekanntes Beispiel ist der Kerid bei Selfoss.

Scheinkrater sind entstanden, wenn Lava in feuchte Gebiete abgeflossen ist. Das verdampfte Wasser erzeugte unter der noch weichen Lava Explosionen, die sie kraterartig aufrissen. Die eindrucksvollsten Beispiele dafür sind bei Skútustadir am Mývatn.

Vielgestaltig ist auch die Form der erstarrten Lava. Dünnflüssige Lava, wie die der Schildvulkane, hat sich meist zu einer verhältnismäßig glatten Oberfläche verfestigt und bildet leicht gewölbte Fladen oder Platten. Sie wird deshalb Fladenlava (isl. helluhraun) genannt. Beim Erkalten ist sie manchmal auch gestaucht worden und bildet eine Oberfläche, die aufgewundenen Schiffstauen ähnlich sieht. Solche Stricklava (Bild 8) kommt vielerorts vor.

Lavaflüsse, deren Oberfläche schnell erstarrt, werden durch das nachdrängende Material in unzählige Stücke gesprengt. Man spricht dann von Blocklava (isl. apalhraun), zwischen deren Gesteinsblöcken tiefe Lücken sind, die auch nach dem Überwachsen mit Moos (Bild 9) nicht verschwinden. Die Blocklava ist daher sehr schlecht begehbar.

Steine und Mineralien

Island ist fast ganz aus dunklen, schwarzblauen Basaltmassen aufgebaut. So ist auch der Sand an der Küste oder in der Wüste nicht weiß wie in Deutschland, sondern meist dunkelgrau oder naß sogar schwarz. Am Strand kann man schöne, rund geschliffene Basaltsteine finden. In den tertiären Plateaubasalten entstanden infolge

Bild 8 (rechts oben). Stricklava mit Flechtenbewuchs am Mývatn.
Bild 9 (rechts unten). Moosbewachsene Blocklava bei Kirkjubœjarklaustur.

Bild 10 (links). Säulenbasalt in Südisland.
Bild 11 (oben links). Bimsstein ist so leicht, daß er auf Wasser schwimmt.
Bild 12 (oben rechts). Obsidian wird in Island Rabenstein genannt.

langsamer Abkühlung oft sechskantige Säulen (Bild 10). Am berühmtesten ist der „Kirchenfußboden" in Kirkjubæjarklaustur: eine Steinfläche mitten in einer Wiese, bei der die Säulenenden wie Fliesen nebeneinanderstehen.

Bevor ein Vulkan ausbricht, sammelt sich über dem langsam durch die Gesteinsschichten aufsteigenden Magma Gas, das das noch darüberliegende Gestein so weit erhitzt, bis es vom Magma schließlich eingeschmolzen wird und es zum Ausbruch kommt. Durch die nun folgende Druckentlastung werden die obersten Schmelzzonen aufgeschäumt und explosionsartig ausgeschleudert. Alles ausgeworfene Material, das porös ist, wird als Tephra (griechisch = Asche) bezeichnet. Im Bereich der Ausbruchsstelle wird sie durch die große Hitze teilweise zusammengesintert, und man spricht dann von Schweißschlacken. Diese können durch die vulkanischen Dämpfe und durch Oxidation verschiedene Farben annehmen. Gelb ist Schwefel und Rot Eisenoxid. Auf andere Weise verfestigte Tephraablagerungen nennt man Tuff, in dem oft rundliche Lapilli (kleine Basaltbomben) eingeschlossen sind. Als Breccie oder Tuffbreccie bezeichnet man Trümmergestein mit kantigem Grundmaterial, das meist durch silikatisches Füllmaterial verfestigt ist (isl. móberg).

Auf Tephraeruptionen folgt meist Lavafluß. Da sich noch gelöste Gase dabei ausdehnen, erstarrt die Lava mehr oder weniger porös. Dabei können recht bizarre Formen gebildet werden. Während des Ausbruches kühlt sich die Schmelze etwas ab, wobei sich Stoffe abscheiden, die in ihr absinken und wieder gelöst werden. Die zuletzt geförderten Lavamassen sind daher etwas anders zusammengesetzt; sie enthalten z. B. mehr Olivin und bilden dann Olivinbasalt. Bei dessen Verwitterung werden die grünlichen Olivinkristalle frei und bilden Olivinsande, z. B. an der Küste von Snæfellsnes. Liparit ist meist rötlich, aber auch grünlich oder bläulich gefärbt. Sehr gasreich kommt er als Bimsstein (Bild 11) vor und ist dann so leicht, daß er auf Wasser schwimmt. Wenn die Schmelze abkühlt, ohne Gasblasen zu bilden, dann entsteht vulkanisches Glas = Obsidian (Bild 12). Obsidian ist in Island schwarz und wird Rabenstein (isl. hrafntinna) genannt. Die Isländer glaubten, daß ihr Haus gegen Feuer geschützt ist, wenn sie einen solchen Stein im Hause hatten. Obsidian wurde früher zur Herstellung scharfkantiger Werkzeuge benutzt. Heute gilt er als Halbedelstein. Eiszeitliche Sedimente (Moränen) sind weit verbreitet. In ihnen findet man als Geröll Steine verschiedenster Art und Herkunft. Interessant sind auch die Ablagerungen von tertiären Seen in Nordwestisland. In den Kohleschichten von Brjánslækur und einem anderen Vorkommen bei Vididalur kann man gut erhaltene, versteinerte Blätter von etwa 50 verschiedenen Pflanzenarten finden, darunter Eiche, Birke, Mammutbaum, Wein und Liliodendron. Marine Ablagerungen sind an der Westküste von Tjörnes aufgeschlossen. In einzelnen Schichten liegen dort die Muschel- und Schneckenschalen dicht gedrängt. Island besitzt zwei weltberühmte Mineralienfundstätten: Teigarhorn am Berufjördur und Helgustadir am Reydarfjördur. Beide stehen jetzt unter Naturschutz, und die Wegnahme von Mineralien ist nicht erlaubt. Am Teigarhorn gibt es sehr schöne Zeolithstufen. Sie sitzen in der nur bei Ebbe zugänglichen Steilwand. Gute Stücke, die durch die Verwitterung heruntergefallen sind, kann man für wenig Geld beim Grundstückseigentümer kaufen. Bei Helgustadir befindet sich der heute verlassene Steinbruch, der den so begehrten isländischen Doppelspat (Bild 13) lieferte. Die tertiären Basalte der Ostfjorde sind mineralreich. An Schluchten und Bergwänden, aber auch im Geröll, findet man Quarzdrusen, Achat, Jaspis (Bild 14) und Calcit. Aus der Gruppe der Zeolithe kommen Skolezit (Bild 15), Desmin, Heulandit (Bild 16) und Natrolith vor. Auch im Westen am Hvalfjördur sind diese Mineralien zu finden. Im Norden kommen am Skagafjördur außerdem noch Milchopal und Chalcedon vor. Man stellt sich vor, daß die Mineralien in Hohlräumen der tertiären

Bild 13 (oben links). Doppelspat. – Bild 14 (oben rechts). Jaspis. – Bild 15 (unten links). Skolezit. – Bild 16 (unten rechts). Heulanditdruse.

Basalte unter Einwirkung von Wasser entstanden sind. Vielfach sind auch kleine Hohlräume bzw. Blasen mit Mineralien ausgefüllt (Mandelstein-Basalt), was besonders für den Micromount-Sammler von Interesse sein kann. Wie weit das Gestein überhaupt mineralienführend ist, ist nicht allgemein bekannt, doch scheint es noch weit mehr als die genannten Fundstätten zu geben. Mancher Isländer besitzt interessante Stücke, die er in den Bergen gefunden hat. Sehr schöne Stufen isländischer Mineralien kann man im Naturgeschichtemuseum (Náttúrugripasafnid) in Reykjavík ansehen. Ein Besuch in diesem Museum ist sehr zu empfehlen.

Heißes Wasser, Dampf und Schwefel

Die außergewöhnlich hohe Erdwärme Islands ist nur ein Grund für die zahlreichen heißen Quellen. Der Temperaturgradient ist zwei- bis dreimal höher als normal (0,01 °C/m) und kann im Bereich der warmen Quellen bis zu 0,15 °C/m ansteigen. Hinzu kommen die unzähligen Verwerfungen in den Basaltdecken, in deren Spaltensysteme das reichliche Niederschlagswasser bis in Tiefen von 2000 bis 3000 m zirkulieren kann. Die meisten heißen Quellen liegen im vulkanisch aktiven Bereich

des Landes, doch kommen kleinere Quellen auch in den tertiären Basalten mit Ausnahme der Ostfjorde vor.

Die Austrittsstellen des heißen Wassers sind durch die Tektonik vorgegeben und können sich durch Erdbeben verlagern. Alte Quellen versiegen, neue brechen auf. Das Emporsteigen des heißen Wassers hängt mit der thermischen Konvektion, dem Dampfdruck des oft über 100 Grad erhitzten Wassers und dem Schub durch vulkanische Gase zusammen.

Die meisten der über 700 heißen Quellen an insgesamt ca. 300 Orten sind schwach alkalisch (pH 8) und führen kristallklares Wasser. Es steht außer Zweifel, daß die Menschen diesen Bodenschatz seit jeher

Bild 17 (unten). Badestelle in der Grjótagjá (seit 1978 wegen zu hoher Wassertemperatur nicht benutzbar).
Bild 18 (rechts). Der kleine Geysir Strokkur springt durchschnittlich alle sechs Minuten.

genutzt haben. Das älteste erhaltene Thermalbad ist ein gemauertes Becken in Reykholt, das sich Snorri Sturluson im 13. Jahrhundert gebaut hat (Snorralaug). Heute gibt es in den meisten Thermalgebieten Bäder. Doch sind auch natürliche Badestellen wie in Landmannalaugar vorhanden. Durch vermehrte vulkanische Tätigkeit im Mývatn-Gebiet ist die beliebte Grjótagjá (Bild 17) derzeit nicht benutzbar.

Das heiße Wasser wird vorwiegend zum Heizen benutzt, nicht nur in Reykjavík (siehe S. 69). Bei besonders reichlichem Heißwasservorkommen, wie in Hveragerdi, wurden Treibhäuser errichtet, in denen vor allem Gurken und Tomaten, aber auch mancherlei Südfrüchte gezogen werden.

In alkalischem Wasser lösen sich unter anderem Silikate aus dem Gestein und werden als Kieselsinter (Geyserit) an der Austrittstelle wieder abgeschieden. Die heißen Quellen sind daher oft von einem kraterartigen Wall und von Sinterterrassen umgeben. In diesen Ausscheidungen werden Pflanzenteile, vulkanische Asche u. a. eingeschlossen, woraus man das Alter der Quelle bestimmen kann.

Wenn das Wasser siedend heiß zutage tritt, kommt es infolge des Siedeverzuges zu mehr oder weniger sprudelnden Quellen. Man pflegte darin Speisen zu garen und backt auch heute noch manchmal ein flaches Roggenbrot (hverabraud) in heißen Quellen.

Der Große Geysir im Haukadalur springt nicht mehr; und doch ist er allbekannt

Bild 19 (links). Fumarole und Bláhver (Blaue Quelle) in Hveravellir.
Bild 20 (rechts). Solfataren und Schlammtöpfe in Námaskard.

und war namengebend für alle Spring-quellen der Erde. Infolge von tektonischen Veränderungen nach einem Erdbeben hat er seine Tätigkeit eingestellt, und an seiner Stelle findet man nur noch ein Becken von 14 m Durchmesser, das bis zum Überlaufen mit dampfendem, blau schimmerndem Wasser gefüllt ist. Doch nur wenige Schritte davon entfernt befindet sich der Strokkur (= Butterfaß), ein tätiger, kleinerer Geysir (Bild 18). Er springt in Abständen von durchschnittlich sechs Minuten und ist damit eigentlich sehenswerter als der Große Geysir, der früher seine Eruptionen in Abständen von 1 – 12 Stunden oder länger hatte.

Das Geysir-Phänomen wurde erstmals 1846 von Robert Bunsen untersucht und gedeutet. Danach erhitzt sich am Grunde des tiefen Schachtes das Wasser auf weit über 100 °C. Der Druck der darüberstehenden Wassersäule erhöht den Siedepunkt und damit den Übergang in Wasserdampf. Allmählich steigen Gasblasen auf, reißen Wasser mit sich, und das daraufhin schnell verdampfende, überhitzte Wasser erzeugt hohen Druck und schleudert das darüberstehende Wasser aus dem Schacht. Dieser füllt sich allmählich wieder, und der Vorgang wiederholt sich. Bunsen begründete diese Annahme auf ein leicht nachvollziehbares Experiment, meinte aber selbst, daß die Verhältnisse in der Natur doch verwickelter seien. So nimmt man z. B. an, daß anstelle eines senkrechten Schachtes eine gekniete Röhre vorhanden sein müsse, an deren höchstgelegenem unterirdischen Teil sich Dampf sammelt, bis der Druck ausreicht, um das Wasser auszuschleudern.

Das Wasser kann aber auch gleich als Dampf austreten; dann spricht man von Fumarolen (Bild 19). Um die Austrittsstelle herum entsteht meist auch ein Sinterkegel. Da der Dampf weit über 200 Grad heiß ist, wird er oft als Energiequelle genutzt. Das erste geothermische Dampfkraftwerk liegt an der Krafla.

Solfataren nennt man schwefelwasserstoffhaltige Dampfquellen von 100 – 200 °C. Sie kommen ausschließlich in der vulkanisch aktiven Zone Islands vor. Die bekanntesten der insgesamt 14 Solfatarenfelder sind in Námaskard (Bild 20) und in

Krísuvík. Sie sind an Liparitvorkommen gebunden und hängen mit besonders sauren Intrusionen zusammen. Beim Austritt scheidet sich aus dem Schwefelwasserstoff vielfach Schwefel ab. Eine Zeitlang wurden die isländischen Schwefelvorkommen abgebaut und zur Schießpulverherstellung benutzt. Die Lager sind aber erschöpft, und die Neubildung erfolgt für eine lohnende Schwefelgewinnung nicht schnell genug. Zusammen mit dem Wasserdampf und dem Luftsauerstoff reagiert der Schwefelwasserstoff auch zu Schwefeliger Säure, die das umgebende Gestein zersetzt. Durch weitere chemische Umwandlungen kommt es zur Bildung von Gips und Alaun. Mit Eisen bildet sich ein blaugrauer, toniger Schlamm, der in kraterförmigen Einsenkungen im Solfatarengebiet kocht und spritzt. Rostbraune Eisenoxide kommen ebenfalls in diesen Gebieten vor. Die Nutzung der Solfatarenenergie bereitet aber Schwierigkeiten, da die Anlagen durch die Schwefelverbindungen schnell zersetzt werden.

Lachswasser und Wasserfälle

Islands Binnengewässer sind so sauber, daß man aus ihnen bedenkenlos trinken kann, ausgenommen in der Nähe menschlicher Siedlungen. Auch die trüben Gletscherflüsse sind nicht verschmutzt, sondern führen nur viel feinstes Schwemmaterial mit sich. Die lachsartigen Fische – Lachs (*Salmo salar*), Forelle (*Salmo trutta*) und Saibling (*Salmo alpinus*) – finden daher in Island, im Gegensatz zum übrigen Europa, ideale Lebensbedingungen. Doch sind die Arten durch Überfischung bedroht, und die Isländer haben strenge Schutzbestimmungen und Fangzeitenregelungen, die letztlich durch das staatliche Amt für Binnenfischerei auch durchgesetzt werden. Wenn man den Isländern nachsagt, daß „heute nirgends in der Welt Fischgewässer eifersüchtiger bewacht und gepflegt werden", dann wird der Allgemeinheit auf diese Weise der beste Dienst erwiesen. Nur ein übereifriger Sportfischer, der nicht sofort oder nur sehr teuer eine Angelerlaubnis bekommt, könnte darüber ärgerlich sein. Zwei bis fünf Jahre lang leben die jungen Lachse in den Flüssen und ziehen dann ins Meer, in dem sie bis zur Geschlechtsreife bleiben. Zur Fortpflanzungszeit sammeln sie sich in den Küstengewässern und fressen kleine Fische und andere Meerestiere, bis sie einen optimalen Ernährungszustand erreicht haben. Hier wird der Lachs in Island in der Regel nicht gefangen. Ohne weiter Futter aufzunehmen, wandern dann die Tiere in den Flüssen bis zu 100 km stromaufwärts zu den Laichplätzen. Stromschnellen überspringen sie mit großer Gewandtheit. Auf dieser Wanderung werden sie am meisten befischt (Bild 21). Nach dem Laichen sterben viele Tiere an Erschöpfung. Die Überlebenden kehren ins Meer zurück. Sie sind abgemagert

Bild 21. Lachsangler. Die besten Lachsflüsse liegen im Südwesten der Insel.

und werden nicht gefangen. Die besten Lachsflüsse findet man im Südwesten von Island, und der bekannteste, die Ellidaá, fließt am Rande von Reykjavík vorbei. Laxá heißt Lachsfluß, wovon es namentlich viele gibt.

Auch Forellen und Saiblinge wandern in der Laichzeit, doch nur innerhalb der Flüsse, Bäche oder Seen des Landes. In küstennahen Gewässern gibt es besondere Unterarten, die Meerforelle (=Lachsforelle) und den Meersaibling, die sich auch zur Nahrungssuche im Meer aufhalten. Sie wachsen schneller als die nur im Süßwasser lebenden Arten.

Grundsätzlich darf der Lachs nur in der Zeit vom 20. Mai bis 20. September gefangen werden. Da er in den einzelnen Flüssen zu verschiedenen Zeiten aufsteigt, gibt es örtlich Abweichungen in der Saison. Die Fangzeit wird feierlich vom Bürgermeister der Stadt Reykjavík eröffnet, der dazu selbst in Fischerstiefeln in die Ellidaá zum Lachsangeln geht.

Je nach Nahrungsangebot und Lage sind die isländischen Gewässer verschieden reich an Fischen. Der Isländer hat einen Blick dafür, wo es Lachse oder Forellen gibt. Inzwischen gibt es auch Lachs-Brutstationen.

Das Land ist geomorphologisch aus Schichten von Lava und Lockermaterial aufge-

Bild 22. Der Dettifoss ist der größte Wasserfall Islands.

baut und durch Verwerfungen stark zerklüftet. Durch dieses Gelände müssen sich die Flüsse aus dem Landesinneren zum Meer durcharbeiten. Sie werden durch die reichlichen Niederschläge und das Schmelzwasser der Gletscher gespeist. Die Abflußrichtung weist vorwiegend nach Norden oder nach Süden. Manche Flüsse haben tiefe Schluchten ausgeräumt; fast alle aber stürzen in einem oder mehreren Wasserfällen über Geländestufen hinab.

Der mächtige Gullfoss (50 m) bildet erst zwei Kaskaden, ehe sein Wasser in einer schmalen Schlucht verschwindet. Dabei zerstäubt das Wasser zu nebelfeinen Tröpfchen, in denen die Sonne einen großartigen, oft doppelten Regenbogen hervorruft. Dadurch erhält der Wasserfall einen goldenen Glanz (Gullfoss = Goldwasserfall). Regenbogen erzeugen die Sonnenstrahlen auch im Spritzwasser anderer Wasserfälle, doch nirgends so breit und mächtig wie beim Gullfoss.

Eine schmale Basaltbrücke ist über dem Ófærufoss in der Eldgjá stehengeblieben (s. Umschlagbild) und macht ihn zu einem einzigartigen Naturdenkmal. An der Südküste ist der 60 m hohe Skógafoss der bekannteste. Im Norden, in der Nähe von Akureyri, befindet sich der Godafoss (= Götterwasserfall). Mit 44 m ist der Dettifoss zwar nicht der höchste, wohl aber der größte Wasserfall Islands (Bild 22).

Mit den Wasserfällen besitzt Island große, noch wenig genutzte Energiereserven. Das erkannte vor langer Zeit auch schon ein reicher Engländer, der dem damaligen Besitzer den Gullfoss abkaufen wollte. Wegen der ungewöhnlichen Höhe der gebotenen Summe kam der Handel mit dem Bauern Tómas auch fast zustande, wenn nicht seine Tochter Sigrídur energisch dagegen gekämpft hätte. Die Geschichte wird in verschiedenen Versionen erzählt. Jedenfalls hat Sigrídur Tómasdottir den Isländern den Gullfoss gerettet und wird darum gebührend gefeiert.
Die hier genannten Wasserfälle werden weiter ihre Energie „nutzlos verschwenden". An anderen Stellen wird jedoch die Wasserkraft mehr und mehr genutzt. Kultusministerium und Naturschutzrat wachen darüber, daß dabei keine einzigartigen Naturdenkmäler verlorengehen. Nur mit ihrer Genehmigung – und die ist nicht leicht zu bekommen – darf ein Wasserkraftwerk gebaut werden.
In Búrfell im Hochland, unweit der Hekla, wurde eines der größten Wasserkraftwerke errichtet. Mit der hier erzeugten elektrischen Energie wird ein Aluminiumwerk 12 km von Reykjavík betrieben. Island nutzt die „weiße Kohle" mit Zurückhaltung. Die Investitionen beim Bau der Kraftwerke und die zu erzielenden Gewinne müssen in einem gesunden Verhältnis zueinander stehen. Da dem Energieabsatz in Island selbst Grenzen gesetzt sind und die Ansiedlung ausländischer Industrie nicht im Sinne der Isländer ist, ist das Risiko groß. Zudem führen viele Flüsse jahreszeitlich unterschiedliche Wassermengen, was mit dem Schmelzen des Gletschereises zusammenhängt. Das bedeutet, daß zusätzlich Stauseen gebaut werden müßten, die die Kosten weiter erhöhen.

Gletscher, Sander und Fjorde

Wissenschaftliche Untersuchungen haben ergeben, daß unmittelbar nach der Eiszeit für Island eine Wärmeperiode folgte, in der nur Reste der Gletscher auf den höchsten Bergkuppen übriggeblieben waren. Es herrschte eine üppige Vegetation, und man nimmt an, daß halb Island mit Birkenwald bewachsen war. Vor 2500 Jahren wurde es wieder kälter, und die Gletscher breiteten sich erneut aus. Im 19. Jahrhundert hatten sie zuletzt ihre größte Ausdehnung.
11 800 km² oder 11,5% von Island sind jetzt mit Gletschern bedeckt. Dafür gibt es in Europa keinen Vergleich, eher mit den Inlandeismassen von Grönland. Allein der Vatnajökull ist mit 8400 km² mehr als doppelt so groß wie alle Gletscher der Alpen zusammen.
Die isländischen Gletscher bezeichnet man als „temperiert", d. h. das Eis befindet sich in der Nähe des Gefrierpunktes. Nur im Winter sinken die Temperaturen tiefer. Das bedeutet einen hohen Stoffumsatz. Die Schmelzwasserflüsse führen unge-

wöhnlich große Mengen von Geröll und feinster, aufgeschwemmter Erde mit sich. Das wird auch dadurch begünstigt, daß die Gesteine wenig widerstandsfähig sind und leicht abgetragen werden können.

In der Zeit des Freistaates scheinen die Gletscher für die Menschen nicht so abschreckend gewesen zu sein wie die ganze Zeit danach. Vier Wege führten damals über den Vatnajökull. Abgesehen von einigen früheren fehlgeschlagenen Versuchen wird der Vatnajökull erst wieder seit Anfang dieses Jahrhunderts von Forschern begangen. Seit 1950 fahren Mitglieder der isländischen Gletschergesellschaft mit Raupenfahrzeugen auf das Eis, um Messungen durchzuführen. Auch Privatpersonen nutzen diese Einrichtung, so daß die Gletscher jetzt keine unbekannten Gebiete mehr sind.

Aus den Eiskappen der großen Gletscher fließen Talgletscher herab. Vom Langjökull mündet eine Gletscherzunge in den See Hvítárvatn, in dem sie zu Eisbergen zerbricht. Ähnlich kommt ein Schreitgletscher vom Eyjafjallajökull herunter, wo seine Schmelzwasser erst einen kleinen See mit Eisbergen bilden, ehe sie durch den Markarfljót abfließen. Im Südosten des Vatnajökull bilden Gletscherzungen ebenfalls Lagunen mit Eisbergen (Bild 23).

Am Rande sind die Gletscher stark zerklüftet und „schmutzig". Durch das Abschmelzen konzentriert sich das mitgeführte Geröll und Geschiebe immer mehr. Durch vulkanische Asche können die Gletscher auch mehr oder weniger schwarz erscheinen, was dem Bild des weißen Gletschereises gar nicht mehr entspricht. Eine Wanderung zum Gletscherrand kann daher eine richtige Begehung nicht ersetzen.

Spuren der letzten Eiszeit sind der in den Wüsten Islands abgelagerte Gesteinsschutt. Auch die heutigen Gletscher lagern große Mengen von Schutt in den Flußtälern und vor allem an der Südküste ab. Diese sandreichen Ebenen heißen in Island Sandur. Der allgemein gebräuchliche Ausdruck „Sander" ist davon abgeleitet. Immer wieder bahnen sich die Flüsse neue Läufe durch den Schutt wie im Skeidarársandur (Bild 24). Die Sander an der Südküste waren früher nur passierbar, wenn man mit dem Pferd durch die Flüsse hindurchritt. Seit 1974 führt eine dammartig aufgeschüttete Straße mit Brücken über den Wasserläufen durch das Gebiet. Zwar ist die Anlage so konstruiert, daß das Schmelzwasser unter den Brücken hindurchgeleitet wird, doch sind diese durch einen eventuellen Gletscherlauf gefährdet.

Ein Gletscherlauf entsteht, wenn durch vulkanische Tätigkeit unter dem Eis so viel Schmelzwasser anfällt, daß es sich in großer Breite durch die Gletschertore über die Sander ergießt. Nach einem Ausbruch des Grímsvötn und einem darauffolgenden

Bild 23 (rechts oben). Gletscherlagune Jökulsárlón am Vatnajökull.
Bild 24 (rechts unten). Durch den Schutt des Skeidarársandur bahnt sich ein Fluß seinen neuen Lauf.

Bild 25. Skagafjördur an der Nordküste Islands, im Vordergrund zum Trocknen aufgeschichteter Torf.

Gletscherlauf brachen 1934 einige Forscher in das Eis des Vatnajökull auf, um die Ursachen zu erkunden. Dabei entstanden auch die ersten fotografischen Aufnahmen des Grímsvötn, eines Sees mit Solfatarentätigkeit mitten im Vatnajökull. Man ist sich auch heute noch nicht im klaren darüber, ob ein vulkanischer Ausbruch den Gletscherlauf bedingt oder ob es umgekehrt ist. In dem See könnte ebensogut das Wasser so lange ansteigen, bis die Eisbarrieren brechen und das Wasser schlagartig abläuft. Das Gebiet wird ständig wissenschaftlich untersucht. Letzte Klarheit besteht jedoch immer noch nicht.

Eindeutiger ist die Ursache der seltenen Gletscherläufe am Mýrdalsjökull, die zweifellos durch Ausbrüche des unter dem Eis befindlichen Vulkans Katla (= Hexe) zustande kommen. Auch die Ausbrüche des Öræfajökull brachten große Mengen Schmelzwasser des Firneises zu Tal.

Durch Gletscherläufe sind früher immer wieder Bauernhöfe zerstört worden. Aber auch durch das Vordringen des Eises im vergangenen Jahrhundert wurden Siedlungen überrollt. Nach dem Zurückgehen der Gletscher in den letzten Jahrzehnten waren nicht einmal mehr Reste von ihnen zu finden.

Eiszeitliche Gletscherzungen und Schmelzwasserflüsse haben die tertiären Plateaubasalte zerschnitten und die Fjorde ausgeformt. Diese setzen sich unter Wasser fort, was darauf hinweist, daß in der Eiszeit der Meeresspiegel tiefer lag. Fjordlandschaften wie Skagafjördur (Bild 25) gibt es überall außer an der Süd- und Südostküste. Es gilt als sicher, daß die Fjorde durch Verwerfungen und Spalten vorgezeichnet waren und sich in ihnen gebildet haben. Sehr eindrucksvoll wird die Schichtenfolge der Basaltformationen an ihren Steilwänden sichtbar.

Pflanzen zwischen Meer, Vulkanen und Gletschern

Die isländische Pflanzenwelt zeigt überwiegend nordeuropäischen Charakter (arktisch-alpin, subarktisch und boreal). Nur wenige Arten sind als Zuwanderer aus der westlichen Welt anzusehen. Es gibt etwa 440 Arten Blütenpflanzen, 500 Moos- und 450 Flechtenarten. Der relativ geringe Anteil an Blütenpflanzen wird damit erklärt, daß nur etwa die Hälfte der Arten die Eiszeiten überdauert hat. Die übrigen sind

Bild 26. Die Bartflechte *Neuropogon sulphureus* kommt auf der Nordhalbkugel sonst nur auf den arktischen Inseln vor.

neu hinzugewandert, wobei die Einwanderung durch die isolierte Insellage Islands begrenzt war.

Obwohl die Bestimmung der Flechten nur wenigen Spezialisten möglich ist, sei hier auf zwei charakteristische Arten hingewiesen. Oberhalb 600 m wächst verstreut, aber auf den nackten Steinen leicht erkennbar, eine Bartflechte (Bild 26) – isl. Skeggflétta – (*Neuropogon sulphureus*). Sie wurde erstmals für Island beschrieben und kommt auf der Nordhalbkugel sonst nur auf den arktischen Inseln vor.

Das Isländische Moos – isl. Fjallagrös – (*Cetraria islandica*) wurde früher, besonders im Osten des Landes, als Nahrung verwendet. Noch heute wird es gelegentlich gegessen. Obwohl es recht häufig ist, ist es nicht leicht zu finden, weil es versteckt zwischen den Pflanzen der Berghänge und Heiden wächst.

Die Flechten sind nicht nur Pionierpflanzen an sonst vegetationslosen Stellen. Man findet sie auch in Gesellschaft von Höheren Pflanzen, dann jedoch bevorzugt an herausragenden Steinen und Felsen. Krusten-, Blatt- und Strauchflechten kommen z. B. im Mývatn-Gebiet in großer Farben- und Formenfülle vor (Bild 8).

Ältere Lavafelder sind oft mit einem dichten Moosteppich bewachsen, der bei Trokkenheit eintönig grau erscheint (Bild 9). Frischgrüne Moosrasen sind an Wasserläufen, im Spritzwasserbereich der Wasserfälle und in Sumpfgebieten verbreitet. Im Bereich von warmem, nicht zu heißem Wasser findet sich eine üppige Grünalgenvegetation.

Zur Bestimmung der Höheren Pflanzen eignet sich die Isländische Reiseflora (Íslensk Ferdaflóra). Obwohl sie in isländischer Sprache verfaßt ist, kann man sich anhand der Abbildungen und der wissenschaftlichen Namen orientieren.

An vielen Stellen von der Küste bis zu den Gletschern trifft man das Taubenkropfleimkraut (*Silene vulgaris maritima* var. *islandica*) an. Besonders in Wüstengebieten fallen die weit verstreut wachsenden Exemplare mit ihren weißen Blüten und den aufgeblähten Blütenkelchen auf. Das nahe verwandte, aber ganz anders aussehende Stengellose Leimkraut (*Silene acaulis arctica*) wächst in dichten Polstern und hält den Boden selbst dann noch fest, wenn er rundherum schon fortgeweht ist (Bild 27). Weit verbreitet ist auch der Arktische Thymian – isl. Blódberg – (*Thymus praecox arcticus*). Die würzig duftende Pflanze wird immer noch gesammelt und zur Teezubereitung verwendet.

Neben mehreren Weidenröschen der Gattung *Epilobium* ist das Arktische Weidenröschen (Bild 28) – isl. Eyrarrós – (*Chamaenerion latifolium*) mit seinen großen, purpurfarbenen Blüten besonders erwähnenswert. Es ist ein Vertreter der westlichen Welt und in Island auf Flußinseln (eyrar) und an Flußufern in größeren Beständen zu finden. In feuchten Wiesen wächst die in Island und Grönland vorkommende Nördliche Kuckucksblume (Bild 29) – (*Limnorchis hyperborea*). In moorigen Wiesen gibt es oft Massenvorkommen von Wollgras (isl. Fífa). Häufi-

Bild 27. Das Stengellose Leimkraut (*Silene acaulis arctica*) wächst in dichten Polstern.

ger ist Scheuchzers Wollgras (Bild 30) – (*Eriophorum scheuchzeri*), seltener das Schmalblättrige Wollgras (*Eriophorum angustifolium*). Die wolligen Samenhaare wurden zur Herstellung von Dochten für Tranlampen benutzt.

Am Rande von Gewässern steht vielfach die grünblühende, bis 175 cm hoch wachsende Engelwurz (Bild 5) – isl. Hvönn – (*Angelica archangelica litoralis*). Sie war eine der wenigen ergiebigen Gemüsepflanzen und wurde deshalb auch angepflanzt. Man findet sie manchmal noch in Gärten. Die Eiersammler von Vestmannaeyjar sollen ihre Seile an den dicken Stielen der Engelwurz befestigt haben, wenn sie in die Klippen hinabstiegen.

Zu den Pflanzen feuchter Standorte ist auch das Gemeine Fettkraut (Bild 31) – (*Pinguicula vulgaris*) zu rechnen. Mit seinen klebrigen, drüsenreichen Blättern fängt es Insekten und ernährt sich zusätzlich von ihnen.

In Zwergstrauchheiden, felsigen Gebieten und auf Bergwiesen kommt häufig die Silberwurz (*Dryas octopetala*) vor. An ähnlichen Stellen wächst die Krautweide (*Salix herbacea*), die als Weide kaum zu erkennen ist. Ihr weitverzweigtes Geäst ist dicht am Boden ausgebreitet, und zwischen den kleinen, rundlichen Blättchen

35

leuchten eine Zeitlang die meist kräftig rot gefärbten Samenkapseln, ehe sie sich öffnen und die behaarten Samen freigeben. Typische Pflanzen der Meeresküste sind die Strandkamille (Bild 56) – (*Matricaria maritima phaeocephala*) und der Meersenf (*Cakile edulenta islandica*) mit seinen dickfleischigen Blättern und weißlichen Blüten. Der Strandroggen – isl. Melur – (*Elymus arenarius*) wächst häufig an der Küste und an sandigen Stellen des Binnenlandes. Er diente früher als Brotgetreide.

Eine bekannte und beliebte Gartenpflanze, der Isländische Mohn – isl. Gardasól – (*Papaver nudicaule*) wurde zwar in Island gefunden, ist aber in der übrigen subarktischen Region, z. B. in Sibirien, weitaus häufiger.

Auch in Island stehen manche Pflanzen unter Naturschutz. Sie sind in der Ferdaflóra aufgezählt, in der es auch heißt: „Es ist wichtig, die Menschen zu warnen, seltene Pflanzen zu pflücken, auszureißen oder zu sammeln, welchen Namen sie auch haben."

Vögel in den Klippen und im Lande

Die natürliche Fauna Islands besteht fast ausschließlich aus Vögeln und Insekten (Mücken). Das Vorherrschen der Vögel wird damit erklärt, daß das Meer die vulkanische Insel über viele hundert Kilometer vom Festland der Kontinente isoliert und die Zuwanderung nur flugfähigen Tieren möglich ist, wenn man von den Polarfüchsen und Eisbären absieht, die mit dem Treibeis hergekommen sind.

Alle anderen Tiere, z. B. auch das Ren, haben die Menschen mitgebracht – so auch den Nerz. Er wurde 1930 für Zuchtzwecke eingeführt. Unzureichende Käfige führten dazu, daß Tiere entkommen konnten und verwilderten. Jetzt sind sie eine Gefahr für die Vögel, von deren Brut sie sich u. a. ernähren. Die Tötung verwilderter Nerze wird mit Prämien honoriert.

Die Zahl der in Island vorkommenden Vogelarten ist Schwankungen unterworfen. In der Eiszeit haben sicher nur wenige arktische Arten, z. B. das Schneehuhn, an offenen Stellen gelebt. In der Nacheiszeit sind Arten aus Amerika, Eurasien und der Arktis zugewandert. Auch heute ändert sich die Artenzahl noch; sie wird jetzt mit 227 angegeben. 78 Vogelarten brüten in Island.

Einschließlich der Fjorde und Buchten hat Island eine Küstenlänge von etwa 6000 km. Große Strecken sind Klippen, die ebenso wie die Steilküsten der Inseln –

Bild 28 (oben links). Arktisches Weidenröschen (*Chamaenerion latifolium*). – Bild 29 (oben rechts). Nördliche Kuckucksblume (*Limnorchis hyperborea*). – Bild 30 (unten links). Scheuchzers Wollgras (*Eriophorum scheuchzeri*). – Bild 31 (unten rechts). Gemeines Fettkraut (*Pinguicula vulgaris*).

Bild 32 (links). Felswand mit Trottellummen und Dreizehenmöwen.
Bild 33 (oben). Brütende Dreizehenmöwen.

besonders Vestmannaeyjar, Eldey und Drangey – den Seevögeln ideale Nistmöglichkeiten bieten.

In den Felsnischen nisten u. a. Lummen (im Norden mehr die Dickschnabellumme, im Süden mehr die Trottellumme) und Dreizehenmöwen in dichten Kolonien (Bilder 32 und 33). Die Eier der Lummen sind birnenförmig: So drehen sie sich beim Anstoßen im Halbkreis und rollen nicht vom Gesims herunter. Halberwachsen stürzen sich die jungen Lummen vom Brutplatz ins Meer hinab, auf dem sie fortan leben (Lummensprung).

Die größte Baßtölpelkolonie der Welt ist auf Eldey, südwestlich von Reykjanes. Hier lebten auch die letzten flugunfähigen Riesenalke, die im vergangenen Jahrhundert ausgerottet worden sind. An sie erinnern sonst nur noch der Name Geirfuglasker (= Riesenalkinsel) – eine der Vestmannaeyjar – und ein ausgestopftes Exemplar, das das Naturgeschichtemuseum von Reykjavik bei einer Versteigerung in London erworben hat.

Der Bestand der anderen Seevögel ist durch das früher viel geübte Eiersammeln und Fangen nie ernsthaft bedroht gewesen. Die geringe Bevölkerungszahl Islands stand in keinem Verhältnis zu den Unmengen von Vögeln, bei denen sich Verluste schnell wieder ausglichen. Außerdem war und ist es für die Menschen ein waghalsiges Unternehmen, sich mit Seilen zu den Brutplätzen hinabzulassen. Darüber werden viele abenteuerliche Geschichten erzählt.

Der taubengroße Papageitaucher (isl. Lundi) wird noch wie früher mit langgestielten Netzen gefangen und als Delikatesse geschätzt. Diese Vögel brüten nicht in den Felswänden, sondern bauen sich verzweigte Niströhren in den Boden unter der Grasdecke auch niedriger Inseln. Zum Füttern ihrer Jungen können sie bis zu einem Dutzend kleiner Fische im Schnabel tragen.

Der einsame Wanderer macht leicht unangenehme Bekanntschaft mit den Küstenseeschwalben, wenn er in ihr Brutgebiet – küstennahe Wiesen oder Sandflächen – eindringt. Sie umkreisen ihn mit lautem Geschrei und stoßen mit ihren spitzen Schnäbeln auf seinen Kopf herab. Die Küstenseeschwalbe ist der Zugvogel mit dem weitesten Weg. Zur Überwinterung kann sie bis zur Antarktis fliegen.

Wenn in den Heideflächen der Goldregenpfeifer (isl. Heidlóa) wiedererscheint und seinen melancholischen Ruf hören läßt, dann beginnt für den Isländer der Sommer. Nach dem langen Winter wird daher der „Sommervogel" sehnsüchtig erwartet.

Die Entenvögel (17 Arten) brüten überwiegend am Mývatn, dem Mückensee. Der Nahrungsreichtum ist hier so groß, daß sie meist nur den Schnabel zu öffnen brauchen, um die „Suppe" von Mückenlarven und in den See gewehten Mücken einzuschlürfen. Not herrscht eigentlich nur, wenn im Juli noch einmal eine Kältewelle hereinbricht und sich die Mücken nicht genügend vermehren. Jungvögel sterben dann auch leicht an Unterkühlung.

Die Eiderente genießt bei den Bauern besonderen Schutz. Sie hat deshalb auch die Scheu vor den Menschen so weit verloren, daß sie sogar im Bereich der Höfe und an Schuppen und Stallungen, wo ihr besondere Nistplätze eingerichtet werden, brütet. Der Grund dafür ist, daß sich das Weibchen reichlich Federn (Eiderdunen) auszupft und damit das Nest polstert. Die Eiderdunen werden von den Menschen sehr geschätzt und nach dem Schlüpfen der Jungen aus den Nestern gesammelt. Aus 60 – 70 Nestern kann man etwa ein Kilogramm gewinnen.

Dem Singschwan kann man an Seen und Flüssen des Binnenlandes begegnen. Auf der Suche nach Beute durchstreifen Raubmöwen und Kolkraben die Küstengebiete und das Binnenland. Selten kommt im inneren Hochland die Schnee-Eule vor. Das Schneehuhn ist in Island verbreitet, wenn auch mit schwankender Populationsdichte. Im Winter ist es bis auf die schwarzen Außenfedern des Schwanzes weiß gefärbt, im Sommer nach der Mauser graubraun. Es ist Jagdwild für den Menschen und bevorzugte Beute für die Schnee-Eule und die drei isländischen Greife. Der berühmteste ist der Gerfalk (= Islandfalk), mit dem einstmals ein einträglicher Handel getrieben worden ist. Jetzt ist er selten und geschützt. Noch seltener ist der Seeadler.

Der Merlin kommt dagegen noch häufiger vor. Der Schutz dieser Vögel wird in einer Verordnung des Kultusministeriums von 1968 geregelt: „Das Filmen und Fotografieren von Adlern, Falken, Schnee-Eulen und Krabbentauchern bei ihren Nestern ist verboten, es sei denn, daß die Bewilligung des Ministeriums im voraus eingeholt wurde . . ." Auch sonst wird der Aufenthalt an den Nestern, z. B. zu Beobachtungszwecken, von einer Genehmigung abhängig gemacht.
Im übrigen ist die Vogelwelt noch nicht bedroht und bedarf keines besonderen Schutzes. Doch kann sich das bei fortschreitender Industrialisierung und Zunahme des Tourismus ändern.

Nutztiere des Meeres

Das Zusammentreffen warmer und kalter Meeresströmungen macht die Gewässer um Island zu den reichsten Fischgründen der Erde und den Schelfbereich, der ungefähr der 50-Meilen-Zone entspricht, zu einem idealen Laichgebiet. Etwa 150 Fischarten kommen vor, von denen 66 hier laichen.
Die Fische sind nicht nur für die isländische Wirtschaft sehr wichtig, sondern locken auch die Fangschiffe anderer Nationen an. In den politischen Auseinandersetzungen, die als „Kabeljau- oder Fischereikrieg" bekannt wurden, werden Streitigkeiten um jahrhundertealte Gewohnheitsrechte ausgetragen. Wenn Island die Fischereirechte in einer 200-Meilen-Zone beansprucht (seit dem 28. 11. 1977 fischen keine ausländischen Schiffe mehr in isländischen Gewässern), dann geht es vor allem um wirtschaftliche Belange. Bei den elektronischen Suchgeräten, Schleppnetzen und Verarbeitungsmaschinen, mit denen die Trawler heute ausgestattet sind, haben die Fische kaum noch eine Chance. Das beweisen die Rückgänge der Fangergebnisse trotz der modernen Fangmethoden, die sie ja gerade steigern sollten. Als der Hering am Ende der sechziger Jahre ausblieb, lag es nicht nur an der allmählichen Erwärmung des Meerwassers um Island, sondern vor allem an der Überfischung. Von 1971 bis 1974 war deshalb der Heringsfang verboten, 1978 war erstmals wieder ein gutes Fangjahr.
Es ist – nicht nur für Island – wichtig, daß der herkömmliche, auf Ausbeutung gerichtete Fischfang auf Fischhege und Fischwaid umgestellt wird. Strenge Regelungen von Fangzeiten und Fangmethoden sind notwendig. Fischereibiologische Maßnahmen ergreift verständlicherweise eher ein Anrainerstaat als ein weitergereister Einzelunternehmer.
Die Nahrungskette beginnt im Meer mit dem Plankton, das sich um Island besonders reichlich entwickelt. Es wird durch die mineralischen Bestandteile, die die Flüsse dem Meer zuführen, gut gedüngt. Direkt vom Plankton leben die Muscheln, von

denen die Isländische Kammuschel (Bild 34) – (*Chlamys islandica*) wirtschaftliche Bedeutung hat. Die bekannte, dickschalige Islandmuschel (*Arctica islandica*) kommt seltener vor und wird gelegentlich von Fischern gegessen.

Vom Plankton und Detritus (Sinkstoffe) leben Garnelen, die vornehmlich an der Nordwestküste gefangen werden. An der Südwestküste werden auch Hummer gefangen.

Die wirtschaftlich bedeutsamsten Fische sind Kabeljau (=Dorsch), Schellfisch, Köhler und Rotbarsch. Von den Plattfischen ist vor allem der Heilbutt zu nennen.

Da der Islandbesucher normalerweise die Meerestiere kaum zu sehen bekommt, sei ein Besuch des See-Aquariums (Sædýrasafnid) in Hafnarfjördur (10 km von Reykjavík) empfohlen. Dort werden die genannten und viele andere Arten gezeigt. Am interessantesten ist der Seewolf (=Kattfisch), der viel gefangen wird. Mit seinem ungewöhnlich kräftigem Gebiß, das aus gekrümmten Fangzähnen und großen, abgeflachten Mahlzähnen besteht, ist er in der Lage, Muscheln und Krebse zu knakken und zu verzehren. Er lebt im Küstenbereich von 20 und mehr Meter Tiefe.

Die Fänge werden heute vorwiegend zu Gefrierfisch verarbeitet, die Abfälle zu Fischmehl und Tran. Soweit die Fische nicht schon auf den Trawlern verarbeitet werden, kommen sie in die Fischfabriken in den Häfen. Der bedeutendste Fischereihafen ist in Vestmannaeyjar.

Bild 34 (links). Schalen der Isländischen Kammuschel auf dem Abfallhaufen einer muschelverar-
beitenden Fabrik.
Bild 35 (links). Stockfisch im Trockengestell.

An manchen Orten sieht man die Trok-
kengestelle für Stockfisch (Bild 35). Einerseits essen die Isländer selbst überaus
gern hardfiskur (= Stockfisch), andererseits ist er ein bedeutender Exportartikel
in südliche Länder, wo er vor allem als
Fastenspeise begehrt ist, aber auch zur
Ergänzung der eiweißarmen Nahrung ge-
braucht wird. Die ausgenommenen Tiere
(Kabeljau oder Schellfisch) werden paar-
weise an den Schwanzflossen zusammen-
gebunden und an den Stangen aufge-
hängt. In der keimfreien Luft trocknen
die Fische innerhalb von vier Wochen so
weit aus, daß sie im Wind klappern.

Klippfisch unterscheidet sich vom Stockfisch dadurch, daß er an der Bauchseite auf-
geschnitten, auseinandergeklappt und gesalzen wird. Wenn er gut durchgelaugt ist,
wird er auf Felsen zum Trocknen ausgelegt, heute jedoch meist in Spezialgeräten
schnellgetrocknet.

In den isländischen Gewässern wurden 17 verschiedene Walarten festgestellt. Von
1880 bis 1915 betrieben die Norweger hier einen so intensiven Walfang, daß die
Tiere fast ausgerottet wurden. Nur ein vollständiger Schutz in der Zeit von 1915 bis
1935 machte es möglich, daß 1948 eine isländische Gesellschaft den Fang wieder
aufnehmen konnte. Vier Fangschiffe bringen von Mai bis September täglich einen
oder mehrere Wale zur Verarbeitung in die Walstation im Hvalfjördur (Bild 36).
Wirtschaftlich von Bedeutung sind zwei Finnwal-Arten und der Pottwal. Blauwale
sind vollkommen geschützt. Hauptsächlich werden aber Finnwale angelandet. Die
Fangzahlen sind begrenzt und liegen zwischen 200 und 500 Stück im Jahr. Die
Überwachung der Fangzahlen ist streng.

Der tote Wal wird mit Seilwinden die Rampe heraufgezogen. Innerhalb von zwei
Stunden ist er ausgeweidet und abgespeckt. Das Fleisch wird gefroren und an Zoo-
logische Gärten in der ganzen Welt verkauft. Die Knochen werden mit Motorsägen
zerteilt, zusammen mit den Abfällen getrocknet und zu „Fischmehl" verarbeitet.
Aus dem Speck kocht man Tran. Kreischende Möwenschwärme umkreisen die

Bild 36. Abspecken eines Finnwals in der Walstation.

Walstation und versuchen, von den Abfällen etwas zu erhaschen. Das von Blut rot
gefärbte Wasser, der penetrante Geruch und der Lärm der Maschinen hinterlassen
einen entsprechenden Eindruck auf die Besucher.
An den Felsenküsten Islands leben der Gemeine Seehund und die Kegelrobbe. Obwohl ihnen viel nachgestellt wurde, ist ihre wirtschaftliche Bedeutung gering.

Das Islandpferd

Die Siedler brachten in der Landnahmezeit keine einheitliche Pferderasse mit nach
Island. Ob die Urahnen der heutigen Islandpferde nur aus Norwegen stammten
oder auch aus Schottland: In jedem Fall müssen es robuste Kleinpferde gewesen
sein, die auf den nicht sehr geräumigen Wikingerschiffen Platz hatten. Eine bedeut-
same Entscheidung – das im Jahre 1000 vom Althing beschlossene und noch heute
gültige Einfuhrverbot für Pferde – gab den Ausschlag für die Entstehung der Rasse
des Islandpferdes.
Wohl durch menschliche Entscheidung, nicht aber durch ein bestimmtes Zuchtziel,

44

erfolgte eine einzigartige Auslese. Das Pferd mußte den kargen Umweltbedingungen gewachsen sein, oder es ging zugrunde. Die Weide ist mager, und das Gebiß und die Verdauungsorgane müssen mit den harten Kräutern und Flechten fertig werden. Selbst im Winter wird noch Gras unter dem Schnee hervorgeholt. Im Sommer weiden die Pferde auf hochgelegenen Bergwiesen. Im Winter werden sie zwar zu den Höfen geholt, gehen jedoch selten in einen Stall. Zugefüttert wird kaum. Nur bei Arbeitspferden, von denen man hohe Leistungen fordert, wird Zusatzfutter, das auch Fischmehl enthält, gegeben. So kommt es, daß Islandpferde jede Gelegenheit zum Fressen wahrnehmen. Bei reichlichem Futterangebot werden sie schnell dick, was für die entbehrungsreiche Winterszeit vorteilhaft ist. Diese dauernde Freßlust kann Tieren, die nach Deutschland exportiert wurden, zum Verhängnis werden, wenn sie von den gedüngten Weiden zu viel saftiges Gras fressen. Sie bekommen dann leicht Koliken und können daran sterben. Auch fehlen auf den Kulturweiden die Kräuter der Bergwiesen Islands, die ihre Verdauung in Gang halten.

Im Winter bekommen die Pferde ein Fell von 6 – 8 cm langen Deckhaaren und einer dichten, bis zu 3 cm starken Unterwolle. Auch die Beine sind dann dick behaart, so daß die Tiere plump, aber liebenswert aussehen. Die Deckhaare legen sich so zusammen, daß Regenwasser weitestgehend abfließt und die Unterwolle trocken bleibt. Der Abkühlungsschutz ist so vollkommen, daß Islandpferde auch im Winter keinen Stall benötigen, ihn sogar meiden. Im Sommer findet ein Haarwechsel statt. Den Tieren juckt dann so sehr das Fell, daß sie sich an allen möglichen Gegenständen scheuern, um den Winterpelz loszuwerden. Sie rupfen sich auch gegenseitig mit dem Gebiß die Wolle aus. Das Sommerfell ist dünner, glatter und kürzer, aber immer noch genügend wasserabstoßend.

Das Islandpferd ist am Widerrist durchschnittlich 1,3 m hoch. Es kommt in verschiedenen Farben vor. Die meisten sind Füchse. Braune, Rappen, mausgraue, isabellfarbene, und Schimmel findet man ebenso wie gescheckte Tiere. Die Mähnen sind oft andersfarbig. Vielfach heißen die Tiere nach ihrer Farbe: z. B. ein geschecktes „Skjóni" (männlich) bzw. „Skjóna" (weiblich).

Man unterscheidet zwei Typen von Islandpferden, die sich entsprechend zu ihren Umweltbedingungen herausgebildet haben. Im Norden des Landes ist es trockener, sonniger und der Boden fester. Pferde, die hier leben, sind zierlicher und lebhafter. Sie sind gute Reitpferde; die berühmtesten stammen vom Skagafjördur (Bild 37). Das Südlandpferd (Bild 38), das im regenreichen Gebiet und im kühleren Klima am Vatnajökull aufwächst, ist behäbiger, schwerer und meist etwas größer als das Nordlandpferd. Sein Fleisch wird gegessen, besonders das der Fohlen. Der Genuß von Pferdefleisch ist in Island von jeher üblich. In anderen Ländern wurde das Essen von Pferdefleisch bei der Christianisierung verboten, weil es mit kultischen Handlungen verbunden war. In Island war das nicht möglich, weil man wegen des

Bild 37 (oben). Nordlandpferd vom Skagafjördur.
Bild 38 (links). Pferd aus Südisland.

ständigen Nahrungsmangels der Bevölkerung eine so wichtige Nahrungsquelle nicht entziehen konnte.

Neben den Gangarten Schritt, Trab und Galopp zeichnet sich das Islandpferd durch zwei sonst ungewöhnliche Techniken aus: den Paßgang und den Tölt. Beim Paßgang werden die rechten bzw. linken Beine jeweils gleichzeitig gesetzt. Dadurch ist der Gang leicht schaukelnd. Beim Tölt werden die Beine in der Reihenfolge 1-2-3-4 oder auch 1-2--3-4 gesetzt. Das bedeutet für den Reiter einen sehr ruhigen Sitz und kein ständiges Auf- und Abwippen wie bei den üblichen Gangarten.

Die Pferde sind im Gelände erstaunlich

trittsicher. Auch beim Durchqueren von Flüssen finden sie instinktiv die richtigen Stellen. Sie sind sehr ausdauernd, lassen sich aber auch leicht zu Gewaltleistungen hinreißen, durch die sie dann Schaden nehmen können. Sie haben einen starken Knochenbau und können daher einen normalgewichtigen Erwachsenen tragen – selbst bei einem Geländeritt bis zu 80 km am Tag. Sie sind ausgesprochene Gebrauchspferde. Zum Wettkampf traten und treten die Isländer allerdings – wann immer es möglich ist – mit ihren Pferden an. Dabei zeigen Reiter und Pferd, was sie am besten können, besonders im Tölten. Die meisten Pferde sind keine 5-Gang-Tiere. Sie werden mehr danach beurteilt, was sie besonders gut können. Die Neigung zum Paßgang bzw. Tölt ist anscheinend angeboren.

Das Pferd gehörte voll zum Leben des Isländers. Jeder, auch die Dienstleute, besaß mehrere oder viele Pferde. Für die Fortbewegung in dem unwegsamen Land waren sie unentbehrlich. Dennoch wurden die Pferde nicht übertrieben gefühlvoll behandelt. Rauh, aber herzlich könnte man das Verhältnis zu ihnen bezeichnen. Das Pferd ist im allgemeinen gutmütig und anhänglich. Zum Arbeiten braucht man es kaum noch. Dennoch werden weiter viele Pferde gehalten. Man sagt, auch heute noch könne jeder Isländer reiten. Man sitzt auf dem Pferd und gehört mit ihm zusammen. Der Reiter „beherrscht" sein Pferd nicht, wenn auch die Verständigung zwischen den Partnern nicht immer sanft ist. Die Pferdezucht für den Verkauf ins Ausland gewinnt heute immer mehr an Bedeutung.

Wald oder Schafe

Im Landnahmebuch, das am Anfang des 13. Jahrhunderts geschrieben wurde, heißt es: „Da war ein weites Moorgebiet und ausgedehnte Wälder zwischen Gebirge und Strand (Borgarfjödur)" und an anderer Stelle „Blundketil war ein schwerreicher Mann; er ließ weite Strecken in den Wäldern ausroden und besiedeln". Diese und weitere in den Sagas vorkommende Angaben darüber, daß es zur Zeit der Besiedlung in Island Wald gegeben habe, sind zweifellos richtig. Andererseits sind diese mehr oder weniger historischen Angaben gewiß nicht frei von der Vorstellung, die aus der norwegischen Stammheimat der Isländer überkommen ist. Es ist fraglich, ob das nicht sogar heute noch der Fall ist.

Birkenholzfunde im Moor bezeugen, daß der Wald damals kaum anders ausgesehen hat als in den wenigen, heute noch vorhandenen Relikten (Bild 39). Die Baumgrenze liegt jetzt in 300 bis 400 m Höhe.

Gegen eine Bewaldung im eigentlichen Sinne sprechen weniger die nördliche Lage Islands als vielmehr die starken Winde und die Trockenheit mancher Landesteile (Wüsten). Eigentlich müßte ein Wald, wie er in Thórsmörk und an anderen Orten zu finden ist, natürlicherweise große Teile der Insel bedecken.

Bild 39. Moorbirkenwald in Thórsmörk.

Zur Ausrottung des Waldes haben schon die Wikinger beigetragen, als sie ihn rode-ten, um Siedlungsland zu gewinnen. Auch lieferte er unentbehrliches Brennmateri-al. Nur zum Schiffs- und Hausbau dürften sich die meist krüppeligen Birkenstämme kaum geeignet haben, selbst wenn man unterstellt, daß es Zeiten gab, in denen die Bäume größer waren als heute.

Die Hauptschuld an der Waldarmut muß man der Beweidung des Landes, vor al-lem durch die Schafe, geben. Durch den Verbiß werden die Sämlinge derart geschä-digt, daß sie nicht zu Bäumen heranwachsen können. In Deutschland geschieht jetzt das Gegenteil: Die Lüneburger Heide wird von Birken überwuchert, seitdem sie nicht mehr wie früher beweidet wird. Vielleicht läßt sich diese Feststellung auf Is-land übertragen: Dort, wo keine Schafe mehr weiden, wird wieder Wald wachsen.

Trotz der Waldvernichtung und der damit verbundenen Bodenerosion werden aber die Schafe von Island nicht verschwinden. Dazu sind sie wirtschaftlich viel zu wich-tig. So wurden Ende 1977 896 192 Tiere gezählt.

Im Frühjahr werden die Schafe, nachdem sie ihre Lämmer bekommen haben und geschoren worden sind, auf die Weide getrieben. Man läßt sie in dem weiten, unbe-grenzten Gelände grasen (Bild 40). Schafe trifft man überall dort an, wo es etwas zu

Bild 40. Schafe sind für Island die wichtigsten Fleischlieferanten.

fressen gibt. Sie steigen bis in die Felswände hinauf und laufen an der Küste weit ans Wasser. Manche Tiere verunglücken, wenn sie sich an gefährliche Stellen verlaufen haben. Vor allem aber sind sie durch die Autos gefährdet, besonders, wenn das Muttertier auf der einen Seite und das oder die Lämmer auf der anderen Seite der Straße sind. In ihrer Angst laufen die Tiere dann leicht in das Auto. Wenn eine Schafherde die Straße entlanggetrieben wird, ist es Vorschrift, daß Autofahrer stehenbleiben, bis die Herde sicher vorüber ist.
Die Schafe werden im Herbst zusammengetrieben und in großen Pferchen gesammelt. Hierbei ist das Pferd noch unentbehrlich. Jung und alt beteiligen sich, und es wird ein regelrechtes Volksfest. Schafe, die nicht rechtzeitig gefunden werden, kommen im Schnee um.
Um den Pferch herum sind Boxen abgeteilt, in die die Schafe von ihren Besitzern nach den Marken im Ohr sortiert werden. Viele Tiere – vor allem die über 15 kg schweren Lämmer – werden jetzt geschlachtet. Schaffleisch ist eines der wichtigsten Nahrungsmittel in Island, importiert wird kein Fleisch. Nur so viele Schafe werden über Winter im Stall gehalten, wie die Futtervorräte zulassen.
Außer dem Fleisch werden die Felle und die Wolle verwertet. Das Scheren im Som-

49

Bild 41. Isländische Wolle ist so begehrt, daß die Schafe auch im Sommer geschoren werden.

mer ist recht schwierig, weil die weit herumstreunenden Tiere nur mühsam einge-
fangen werden können. So trifft man vielfach Schafe, bei denen man noch Fetzen
der nachgewachsenen Winterwolle vom Körper herabhängen sieht. Isländische
Wolle und Wollprodukte sind im Ausland so begehrt, daß immer mehr Bauern die
Mühe auf sich nehmen, die Schafe im Sommer doch noch einmal zu scheren
(Bild 41).

Ganz frei läßt man die Schafe allerdings nicht mehr weiden. 1940 bis 1950 griff eine
Seuche um sich, die durch die Einfuhr von neuen Zuchttieren eingeschleppt worden
ist; 1978 trat eine seuchenhafte Nervenkrankheit auf. Man versuchte sie dadurch
einzudämmen, daß man Zäune durch die Weidegebiete anlegte. Die Wege sind mit
Toren gesichert, die nach der Durchfahrt wieder geschlossen werden müssen. An
vielen Wegen gibt es auch Roste aus starken Eisenrohren, die gerade so weit auseinander liegen, daß die Schafe nicht darüber gehen mögen. Auch Waldreservate und
Naturschutzgebiete sind eingezäunt.

An einigen Stellen wird versucht, das Land aufzuforsten. Das bekannteste und
größte Projekt ist Hallormstadur. 1903 wurde hier von einem Privatmann ein Bota-
nischer Garten für Bäume eingerichtet. 1907 übernahm der Staat die Anlage. Auf

dem 170 Hektar großen Gelände wurden über 50 Baumarten aus Samen gezogen. Sie stammen von 155 verschiedenen Orten aus nördlichen Gegenden der Erde. Die ersten Versuche wurden mit Bergesche, Birke und Nadelbäumen gemacht. Inzwischen haben sich 20 Arten als geeignet erwiesen. Obwohl in Hallormstadur aus den Versuchen u. a. ein kräftiger Birkenwald hervorgegangen ist, der den natürlichen Verhältnissen am besten entspricht, hat man sich für die Anpflanzung von Nadelbäumen entschieden. Die Forstwirtschaft wird zunehmend ertragreich. 1977 wurden 3414 in Island gewachsene Weihnachtsbäume verkauft.

Leben in Grassodenhäusern

Für die Siedler in Island stand es bald fest: Sie konnten ihre Häuser nicht mehr so bauen wie in der alten Heimat. Zwar hat es auch Holzhäuser skandinavischer Bauart in Island gegeben. So wurde im Thjórsárdalur ein Gehöft aus der Zeit des isländischen Freistaates rekonstruiert. Doch konnten es sich nur sehr wohlhabende Leute leisten, das Baumaterial dafür in Norwegen zu kaufen. So hat man die Häuser der Goden (Häuptlinge) der Sagazeit als Hallenhäuser mit Hochsitzpfeilern rekonstruiert. Die Bauern mußten ihre Höfe aus dem bauen, was das Land hergab. Das war am wenigsten Holz, denn der Birkenwald lieferte ja kaum brauchbares Bauholz. Am Grundriß des alten nordischen Langhauses hat man zumindest im 10. Jahrhundert noch festgehalten, wie man aus Ausgrabungen weiß. Willkommen war das Treibholz, das die Meeresströmungen aus Sibirien und Amerika mitbringen (Bild 46). Von Egil berichtet die Saga, daß er seine Knechte ausschickte, Treibholz zu sammeln, das er dann teuer verkaufte.

Vielleicht brachten Siedler aus Schottland die Kenntnis mit, wie man aus Feldsteinen und Grassoden ein Mauerwerk errichten kann. Jedenfalls baute man in Island jahrhundertelang Grassodenhäuser, die für dieses Land so typisch geworden sind. In der Form der Häuser gab es im Laufe der Zeit und in den verschiedenen Landesteilen erhebliche Unterschiede.

Bis zum Ende des vergangenen Jahrhunderts, und in Einzelfällen auch noch später, wohnten Menschen in solchen Häusern. Dann aber änderten sich die Baubedingungen so grundlegend, daß die alten Höfe schnell verfielen. Staat und Gemeinden haben sich einiger alter Höfe und Kirchen angenommen und versuchen, sie der Nachwelt zu erhalten. Ein solcher Hof ist Glaumbær im Norden des Landes (Bilder 42 und 43)

Bedingt durch die Dachkonstruktion, mußte das Bauernhaus praktisch in mehrere Einzelhäuser aufgeteilt werden. Sie sind jedoch durch einen überdachten Gang miteinander verbunden. Die Grassoden, mit denen man auch die Dächer abdeckte, wa

ren so schwer, daß man große Räume nicht damit überspannen konnte, zumal man auch an Holz für die Stützkonstruktion sparen mußte. Eine Kunst war es auch, dem Dach die richtige Neigung zu geben. War es zu flach, dann saugte es sich bei Regen voll Wasser und leckte oder stürzte ein. War es zu steil, bestand die Gefahr, daß das Material zu sehr austrocknete und Risse bekam. Durch diese regnete es dann ebenfalls hinein. Im übrigen war ein solches Dach recht stabil; auch wuchs das Gras auf ihm ungehindert weiter.

Die Wände wurden teilweise aus unbearbeiteten Steinen zusammen mit Grassoden erbaut, oft auch nur aus Grassoden, die dann wie Ziegel recht kunstvoll zusammengefügt wurden (Bild 42). Die Giebelseite war aus Holz gebaut (Bild 43). Mit Holz verschalt war auch das Innere des Hauses, zumindest die Wohnräume. In Notzeiten blieben die Wände auch unverkleidet. Die aus feuchten Wiesen gestochenen Grassoden ergaben mit ihrem dichten Wurzelwerk und der eingeschlossenen Erde ein gut isolierendes Baumaterial. Die Wände hielten die Wärme von draußen ab, was für die Vorratskammern günstig war. Andererseits schützten sie auch so gut gegen die Winterkälte, daß man sich, als Brennstoff knapp zu werden begann, sogar das Heizen der Wohnstube (badstofa) sparen konnte. Durch die Körperwärme der Menschen wurde der Raum immerhin so warm, daß man es in dicker Wollkleidung wenigstens aushalten konnte. Fenster gab es nur im Dach oder Giebel. Sie waren

Bild 42 (links). Grassodenhäuser von Glaumbær (Nordisland).
Bild 43 (rechts). Holzgiebel eines Hauses von Glaumbær.

wegen der Winterkälte sehr klein gehalten, doch immerhin noch so groß, daß – wie es in den Sagas heißt – ein Mann durch sie entweichen konnte.

Ursprünglich aber war die badstofa noch beheizt, und man pflegte dort in Dampf zu baden, den man erzeugte, indem man Wasser auf erhitzte Steine goß. Das einzige Feuer im Haus brannte tags und nachts in der Küche (eldhús = Feuerhaus). Brennmaterial war Torf (Bild 25) und getrockneter Schafsmist. Hier wurde auch Schaffleisch geräuchert (hangikjöt). In den Speisekammern wurden u. a. slátur (Innereien, Kopffleisch und Pfoten von Schafen, eingelegt in Molke und gepökelt) und skyr (ein joghurtähnliches Sauermilchprodukt) aufbewahrt.

Das Leben spielte sich – vor allem im Winter – vorwiegend in der badstofa ab. In Glaumbær hatte sie elf Schlafstellen und, da man oft zu zweit in einem Bett schlief, Platz für 22 Bewohner. Auf der Fensterseite hatten die Frauen ihre Betten, weil sie zum Spinnen und Nähen viel Licht brauchten. Die Betten der Männer lagen auf der gegenüberliegenden Seite eines schmalen Mittelganges. Da man tagsüber auf den Betten saß, war der vordere Bettbalken niedrig. Zum Schlafen wurde ein meist reich beschnitztes Brett (rúmfjöl) davorgelegt, damit das Bettzeug nicht wegrutschte. Nur der Bauer und seine Ehefrau hatten eine abgeteilte Schlafkammer.

Der Gang im Haus hatte noch einen zweiten Ausgang zum Wasserholen, Müllhinaustragen und für den Notfall, falls der Eingang durch Feuer versperrt war. Ohne Verbindung mit dem Gang im Haus waren noch eine Molkerei, eine Schmiede und Ställe, die sämtlich eigene Eingänge hatten. Eine Schmiede gehörte zu jedem Hof. Geräte, z. B. Sensen, wurden selbst hergestellt. Das Eisen dazu gewann man aus Sumpferz (= Raseneisenerz), das mit Holzkohle verhüttet wurde.

Der Bauernhof war von einem weitläufigen Wall aus Steinen und Grassoden umgeben. Innerhalb dieser Einfriedigung wurde die Wiese (tún) sorgsam gepflegt und gemäht, um für den Winter einen Heuvorrat zu schaffen. Ein kleiner Hügel innerhalb des Walles war heilig und durfte nicht gemäht werden.

Wüste und Geächtete

Etwa 30% von Island – das sind 30 000 km² – sind Wüste, obwohl es in den betreffenden Gebieten reichlich regnet. Hier ist die Wüste demnach nicht durch Niederschlagsmangel wie in den heißen Gebieten der Erde bedingt, sondern edaphischer Natur, d. h. bodenbedingt (edaphos, griechisch = Boden). Die oberste Bodenschicht ist hier so durchlässig, daß das Niederschlagswasser zu schnell versickert, als daß eine geschlossene Vegetation aufkommen könnte.

Die grauen Kies- und Sandmassen der eiszeitlichen Grund- und Endmoränen sind stellenweise sehr mächtig. Durch sie versickert das Regenwasser schnell. Ein weiterer edaphischer Faktor ist das vulkanische Material. Die Ablagerungen von Lockermaterial – z. B. Bims an der Askja – sind ebenfalls durchlässig, und selbst die Lavafelder sind vielfach zerklüftet und halten das Wasser nicht fest, z. B. in der Ódádahraun.

Nur vereinzelt wachsen tiefwurzelnde Pflanzen auf den öden Wüstenflächen, wie z. B. das Stengellose Leimkraut (Bild 27). Sand- und Staubstürme verfrachten im-

Bild 44. Krepputunga-Wüste nördlich des Vatnajökull.

Bild 45. An den Hraunfossar bei Húsafell sickert das Wasser durch die oberen Bodenschichten und tritt erst über einer undurchlässigen Schicht wieder aus.

mer wieder das Bodenmaterial, so daß einerseits kleine Dünen entstehen, andererseits wie in der Krepputunga (Bild 44) grobes Steingeröll liegen bleibt. Im Winter, manchmal auch im Sommer, toben heftige Schneestürme über das Land.

In der Zeit des Freistaates führten auch Wege durch die Wüste. Auf ihnen ritten die Bewohner aus allen Landesteilen nach Thingvellir oder zu Fischfangplätzen. Zur Orientierung dienten damals wie heute in der Landschaft aufgeschichtete Steinhaufen.

Jetzt können geländegängige Autos auf Pisten durch die Wüste fahren. Kennzeichnungen an Gesteinsblöcken und auf Schildern weisen den Weg. Die Gefahr, daß man mit dem Wagen in Sandverwehungen steckenbleibt, ist natürlich groß. Wichtige Wege werden deshalb in den Sommermonaten durch Raumfahrzeuge offengehalten. Am sichersten ist auch heute noch die Durchquerung der Wüste mit dem Pferd.

An den Hraunfossar bei Húsafell (Bild 45) sieht man, wie das Wasser durch die oberen Bodenschichten hindurchsickert und sich auf einer tieferliegenden undurchlässigen Schicht sammelt. Die vielen kleinen Wasserfälle stürzen hier nicht von der

Oberfläche des Geländes in den Fluß, sondern treten erst in etwa halber Höhe der Uferböschung aus. Diese ist deshalb auch mit Vegetation bedeckt.

Die unterschiedliche Mächtigkeit der durchlässigen Bodenschichten ist der Grund dafür, daß in die Wüste Oasen und Moränenseen eingestreut sind. An günstigen Stellen breitet sich Pflanzenwuchs aus. Kleine Waldbestände fallen besonders auf.

In den Zeiten, als die Bevölkerung in Unfreiheit oder gar im Elend lebte, wurden die Wüstengebiete gemieden. Weitverbreiteter Aber- und Geisterglaube führten zu einer regelrechten Furcht vor diesen trostlosen Landesteilen. Jeder Isländer kennt das Lied vom Sprengisandur (von Grímur Thomsen und Sigvaldi Kaldalóns), in dem es heißt:

„Reiten, reiten und jagen über den Sand, die Sonne versinkt hinter dem Arnarfell. Hier gehen viele böse Geister um, wenn die Schatten auf das Gletschereis fallen. Der Herr leite mein Pferd; der übrige Weg wird lange dauern.

Stille, stille, ein Fuchs lief vorbei; das trockene Maul will er mit Blut nässen, oder jemand hat mit seiner hohlen Stimme gerufen, vielleicht jagen Geächtete im Ódáda-hraun heimlich Schafe zusammen . . .“

Ódádahraun heißt Missetatenlava und ist eines der vielen Gebiete, in die sich die Geächteten zurückgezogen hatten, um sich vor ihren Verfolgern zu verstecken. Einstmals konnte ein straffällig Gewordener vom Althing geächtet, d. h. für friedlos

Bild 46 (links). Treibholz im Skagafjördur, im Hintergrund die Insel Drangey.
Bild 47 (rechts). „Der Ausgestoßene", Plastik von Einar Jónsson.

erklärt werden. Die Art der Bestrafung war von Norwegen überkommen, wo die Friedlosen „Waldgänger" genannt wurden, wie anfangs auch noch in Island. Doch als der Wald in Island weitgehend verschwunden war, blieben ihnen nur die unbewohnten Gebiete mit ihren Oasen und Felsenhöhlen als Verstecke. Die Sagaliteratur setzt sich ausgiebig mit dem Leben von Geächteten auseinander. Der berühmteste war Grettir, der sich lange Zeit auf der unbewohnten Insel Drangey im Skagafjördur (Bild 46) aufgehalten hatte. Nach 20 Jahren sollte seine Ächtung – die längste, die überliefert ist – aufgehoben werden, doch wurde er kurz vorher noch getötet, wobei nach der Saga Zauberei im Spiel war.

Es wurde unterschieden zwischen der leichten Ächtung, bei der der Missetäter sich nur in bestimmten Landesteilen nicht aufhalten durfte, und der strengen Acht, bei der der Betroffene in ganz Island verfolgt wurde, wenn er es nicht vorzog, außer Landes zu gehen. Jeder durfte ihn töten. Wenn ein Geächteter selbst drei andere Geächtete getötet hatte, war damit seine eigene Ächtung aufgehoben und die Missetat gesühnt.

Es war allerdings nicht einfach, einen Geächteten zu finden, wenn man an die vielen Versteckmöglichkeiten in Höhlen und Lavaspalten sowie an die grenzenlose Einöde des unbewohnten Landes denkt. Ein Zusammentreffen zwischen Geächteten und ihren Verfolgern war sicher meist zufällig. Auch spielten Macht und Stärke des Geächteten sowie die – wenn auch unerlaubte – Unterstützung durch Freunde oder Angehörige eine Rolle für das Überleben. Auch dafür ist Grettir das bedeutendste Beispiel.

Trotz der abergläubischen Furcht vor den umgehenden Geächteten zeigte die Bevölkerung ein gewisses Mitgefühl mit ihnen. Den wohl stärksten Ausdruck von Anteilnahme stellte Einar Jónsson in seiner Plastik „Der Ausgestoßene" (Bild 47) dar. Sie zeigt einen Geächteten, der begleitet von seinem Hund, in aller Heimlichkeit sein totes Weib in den Heimatort trägt, um es in geweihter Erde zu begraben.

Bergnot und Seenot

Es wird erzählt, daß einmal fünf Männer aufbrachen, um durch die Wüste zu reiten. Die Bauern hatten sie vor den Gefahren eines schnellen Wetterumschlages gewarnt, aber sie ritten trotzdem. Als sie schon weit von menschlichen Siedlungen entfernt waren, wurden sie von einem Schneesturm überrascht. Viel später wurden ihre Skelette und die ihrer Pferde gefunden. Menschen und Tiere waren elend erfroren und verhungert. Vier lagen dicht beieinander, der fünfte weiter entfernt. Sicher hatte er versucht, Hilfe zu holen. Die Knochen wurden zusammen mit Steinen zu einem Hügel aufgeschichtet: zum Gedenken und zur Mahnung. Die Stelle heißt Beinahóll (=Beinhügel). Sie liegt zwischen Langjökull und Hofsjökull; 1971 wurde dort ein Gedenkstein aufgestellt.

In dem bekannten Roman von Pater Jón Sveinsson gerät Nonni mit seinem Pferd und seinem Hund in einen Schneesturm. Sie werden verschüttet, aber nach langem Ausharren in einer Schneehöhle doch noch gerettet. Das Motiv der Bergnot findet sich in vielen isländischen Geschichten.

Wenn schon das Reisen mit dem Pferd durch das unbewohnte Innere des Landes ein großes Risiko war, so ist es das heute mit dem Auto nicht weniger. Viele Omnibusse und Autos sind daher mit Sprechfunk ausgerüstet, damit sie Hilfe herbeirufen können, wenn sie in Not geraten sind. Wenn man nicht so gut ausgerüstet ist, sollte man alle erdenklichen Vorkehrungen treffen, damit man nicht leichtfertig in Not gerät.

Landeskundige Reisende sagen im letzten Bauernhof vor der Einöde Bescheid, wohin sie fahren wollen und wann sie beabsichtigen, zurückzukehren. Wenn sie zur angegebenen Zeit nicht zurückgekommen sind, wird man sie suchen. Wenn man den Wetterbericht hören kann, der täglich mehrmals durch das Radio kommt, kann man sich beizeiten auf Gefahren einstellen. Auch die Wasserführung der Flüsse wird im Rundfunk angesagt. Das ist für Fahrten durch das Landesinnere wichtig, da es dort wenig Brücken gibt und man vielfach mit dem Auto durch das Wasser fahren muß. Zwar führen die Gletscherflüsse am Morgen meist weniger Wasser als am Abend, weil am Tage mehr Eis abtaut. Doch kann man sich darauf nicht grundsätzlich verlassen. Besser ist es, wenn man als Fremder einen isländischen Begleiter hat. Er besitzt auf jeden Fall die größere Erfahrung und versteht auch die Durchsagen im Radio.

Trotz aller Vorsicht geraten doch immer wieder Menschen in Not. Das Schlimmste

Bild 48. (rechts oben). Wrackteile gestrandeter Schiffe an der Westküste Islands.
Bild 49 (rechts unten). Rettungshütte an der Südküste. Hier können Schiffbrüchige eine erste Zuflucht finden.

ist, daß sie erfrieren oder verhungern können, ehe Hilfe kommt. Deshalb sind an hochgelegenen Gebirgsstraßen, schwer zugänglichen Stellen unbewohnter Landesteile und einsamen Stellen an der Küste Schutzhütten aufgestellt worden. Sie werden vom Direktorat für Landstraßen (Vegamálaskrifstofan) oder der Isländischen Lebensrettungsgesellschaft (Slysavarnafélag Íslands = S. V. F. Í.) betreut und unterhalten. In den Hütten findet der Hilfesuchende Notlager, Öfen, Brennstoff und Notverpflegung. Die Hütten sind nur für wirkliche Notfälle vorgesehen und dürfen sonst nicht benutzt werden. Der isländische Touristenverband (Ferdafélag Íslands = FÍ) hat an interessanten Stellen Hütten gebaut, zu denen seine Mitglieder im Sommer Ausflüge machen. Wenn genügend Plätze frei sind, werden auch Nichtmitglieder aufgenommen. Sie müssen sich aber beizeiten im Büro in Reykjavík anmelden und sich vergewissern, ob sie Unterkunft bekommen können. In den Winterstürmen, die oft Orkanstärke erreichen, ist schon manches Schiff an Islands Küste gescheitert. Die Wrackteile an der Küste von Snæfellsnes (Bild 48) geben ein Bild davon. Besonders gefährlich ist die Südküste. Die großen Sanderflächen setzen sich als Untiefen bis weit ins Meer hinein fort. Früher kam es immer wieder vor, daß sich Schiffbrüchige gerade noch ans Land retten konnten. Sie waren dann aber so weit von menschlichen Siedlungen entfernt, daß sie doch noch ums Leben kamen, indem sie verhungerten oder erfroren. Deshalb sind jetzt hier mehrere Hütten der S. V. F. Í. vorhanden, wie die skipbrotsmannaskýli (= Schiffsbrüchigenzufluchtsbaracke) in der Nähe von Vík (Bild 49). Außerdem weisen Schilder zu den nächsten Bauernhöfen.

Leben mit der Vergangenheit

Der Dänenkönig Harald Gormsson hatte einen zauberkundigen Mann damit beauftragt, für ihn die Verhältnisse in Island zu erkunden. Daraufhin verwandelte sich dieser in einen Wal und schwamm nach Island. Aber jedesmal, wenn er sich dem Lande näherte, traf er auf ein Ungeheuer. An der einen Seite war es ein Drachen, an einer anderen ein Geier, dann ein Stier und schließlich ein Bergriese. So konnte er nicht an Island herankommen und mußte seinem König berichten, daß Island von mächtigen Schutzgeistern bewacht und uneinnehmbar sei. Nach diesem Motiv aus der Heimskringla des Snorri Sturluson wurde im Jahre 1944 – als Island seine Selbständigkeit wiedererlangt hatte, – das neue Staatsemblem durch Präsidentenerlaß geschaffen. Es stellt die isländische Fahne als Schild dar, der von den vier traditionellen Schutzgeistern getragen wird. Die Fahne selbst stammt schon von 1913. Sie stellt ein weißumrahmtes rotes Kreuz auf blauem Grunde dar. Man schreibt ihr

Bild 50 (rechts). Denkmal des „ersten Isländers" Ingólfur Arnarson von Einar Jónsson.
Bild 51 (unten). Grabhügel von Skallagrímur in Borgarnes.

folgende Bedeutung zu: Das Kreuz weist darauf hin, daß die Isländer Christen sind. Das Rot steht für das Feuer der Vulkane, das Weiß für die Gletscher und das Blau für das Meer.

Die Geschichte des ersten Isländers Ingólfur Arnarson ist allgegenwärtig. Einar Jónsson hat ihm in Reykjavík ein eindrucksvolles Denkmal geschaffen (Bild 50). Die berühmten Hochsitzpfeiler, die Ingólfur über Bord geworfen hatte, damit sie ihm den Weg weisen sollten, wo er am besten siedeln könnte, sind in das Stadtwappen von Reykjavík eingegangen.

In Island erinnern viele Denkmäler an Menschen und Begebenheiten aus der Vergangenheit. Der schon genannte „Ausgestoßene" von Einar Jónsson (Bild 47) ist dreimal zu sehen: in Akureyri, in Reykjavík und im Einar-Jónsson-Museum, ebenfalls in Reykjavík. Im ganzen Lande zeugen Stätten von der Sagazeit (etwa 930 bis 1030). Ein Hügel in einem kleinen Park in Borgarnes soll die Grabstätte von Skallagrímur aus der Egilssage sein (Bild 51). Im gleichen Park (im Hintergrund des Bildes) ist ein eindrucksvolles Relief zu sehen, das Egil selbst darstellt, wie er auf dem Pferd mit seinem toten Sohn im Arm reitet.

Es gibt verschiedene Meinungen darüber, welche Bedeutung man den Sagas zuschreiben kann. Die vielen bis ins einzelne dargestellten Totschläge, Mordbrände, Kriege u. a. können sicher nicht zum Leitbild für ein Volk geworden sein, das heute nicht einen einzigen Soldaten hat. Die Sagas wurden lange Zeit mündlich überliefert, bis sie gegen Ende des 12. und zu Anfang des 13. Jahrhunderts aufgeschrieben wurden. Dadurch ist zweifellos vieles übertrieben und idealisiert worden. Genaue Geschichtsschreibung sind die Sagas bestimmt nicht. Doch gehen sie sicher auf wahre Begebenheiten zurück.

Bekanntlich verlief die Einführung des Christentums in Island im Jahre 1000 in weiser Voraussicht friedlich. Vielleicht versprach man sich dadurch auch eine Beendigung der inzwischen untragbar gewordenen Streitigkeiten im Lande, die zu viele der fähigsten Männer dahinraffte. Die Sitten änderten sich zwar nicht augenblicklich, aber Flosi in der Njálssaga weiß offensichtlich, daß er Böses tut, wenn er sagt: „. . . daß wir Feuer anlegen und sie drinnen verbrennen, das ist eine sehr verantwortliche Sache vor Gott, da wir nun Christenleute sind."

Wenn auch idealisiert, so stellt sich in den Sagas eine Zeit dar, zu der im Lande Freiheit herrschte. Nach der Besiedlung (874 bis 930), über die das Landnahmebuch (isl. Landnamabók) Auskunft gibt, hatten sich die der norwegischen Unterdrückung entflohenen Menschen in einem bis dahin unbewohnten Lande zurechtzufinden, ohne daß sie von jemandem regiert wurden. Deshalb bezeichnet man Island als die älteste Demokratie der Welt. Klugheit, Gerechtigkeit und Ansehen wurden hoch geachtet und von den Männern, die allmählich die Führung der Godentümer übernahmen, auch erwartet. Doch treten auch negative Elemente wie Egoismus, Geringschätzung von Dienstleuten u. a. hervor. Alles in allem aber überwiegen die positiven Leitbilder für ein Volk, das von 1264 (Untergang des isländischen Freistaates) bis 1944 (Gründung der isländischen Republik) viel Elend durchzustehen hatte und in seiner Abhängigkeit von fremden Herrschern viel Unrecht zu erdulden hatte.

Überhaupt kann sich ein so kleines Volk nur mit einem gesunden Maß an Selbstbewußtsein erhalten. Das schlägt sich auch in der Sprache nieder. Sie hat sich eigenständig aus der norwegischen Einwanderersprache entwickelt.

Den Außenstehenden beeindruckt auch, wie anders die Maßstäbe hier sind. So viele Leute gelten als „berühmt" oder gar „weltberühmt", wie es in einem menschenreichen Volk gar nicht möglich wäre. Die Bedeutung des einzelnen ist zwangsläufig größer als in einer Massengesellschaft. Typisch ist auch die Abwehr von fremden Einflüssen und die Kontaktfreudigkeit untereinander. Das ist ebenfalls ein Erbe aus der Vergangenheit und wird das Volk erhalten, solange es so ist.

Die Isländer lieben ihre Heimat sehr und sind um die Erhaltung ihrer Natur besorgt. Das schlägt sich u. a. in einer strengen Naturschutzgesetzgebung nieder, für die das Kultusministerium und eine ganze Anzahl von Institutionen verantwortlich sind.

Thingvellir und Parlament

Die Schaffung des Althings im Jahre 930 bereitete zwar den Streitigkeiten auch kein Ende, und trotz des stark ausgeprägten Gerechtigkeitsempfindens entschieden doch oft noch Stärke und Ansehen (Egill, Njáll). Aber der Isolierung der einzelnen Siedlungsgemeinschaften (Godentümer) wurde ein Ende gesetzt. Alle Freien hatten das Recht und die Pflicht, zum Althing zu kommen. Wer zu Hause blieb, mußte eine Geldsteuer entrichten, wodurch verhindert wurde, daß das Althing nur eine Angelegenheit der Goden wurde.

Das isländische Recht wurde nach norwegischem Vorbild neu geschaffen und zunächst mündlich auf dem Althing vorgetragen, jedes Jahr zu einem Drittel, und der gewählte Gesetzessprecher war auch der zuständige Rechtskundige. Damit übte das Althing wohl die Legislative für das ganze Land aus, nicht aber die Exekutive. Diese blieb Sache der Goden.

In der Wahl ihres gemeinsamen Thingplatzes (Bild 52) verwandten die Isländer große Umsicht, und man kann noch heute sagen, daß sie keinen geeigneteren Platz hätten finden können. Es ist eine große Lavaebene, umrahmt von vulkanischen Formationen, 50 km von Reykjavík entfernt, an dem Flüßchen Öxará gelegen und an dem größten See Islands, der fortan Thingvallavatn genannt wurde. Das Gelände wies reichlich Grasflächen zum Lagern und zum Weiden der Pferde auf. Wald gab es so viel, daß an Brennmaterial kein Mangel war. Klares Wasser lieferte der Fluß, und eine hohe Basaltwand gab den lautverstärkenden Hintergrund für den Gesetzessprecher. Das Land wurde Gemeineigentum, nachdem der Besitzer geächtet worden war, weil er seinen Knecht erschlagen hatte.

Entlang der Basaltwand verläuft eine lange Schlucht, die Allmännerschlucht (isl. Almannagjá). Sie wurde so genannt, weil sich alle Männer des Gefolges eines Angeklagten darin verschanzen konnten, wenn es zu tätlichen Auseinandersetzungen kam. Die Öxará wurde damals so umgeleitet, daß sie ein Stück durch die Almannagjá läuft und dort ein tiefes Wasser bildet, ehe sie weiter in das Thingvallavatn fließt. In dem Drekkingarhylur (=Ertränkungsstelle) wurden Frauen ertränkt, die ihre Kinder getötet oder ausgesetzt hatten. An dem Galgenfelsen in der Schlucht wurden Diebe erhängt. Auf der Ostseite der Basaltwand war eine Anhöhe, der Lögberg (=Gesetzesfelsen), von dem aus der Gesetzessprecher die Gesetze vortrug. Rechts und links des Flusses bauten die Thingteilnehmer ihre Buden auf. Sie bestanden aus Mauern, die aus Feldsteinen und Grassoden errichtet waren und nur zur Zeit des Althings – 14 Tage lang von Ende Juni bis Anfang Juli – mit weißem Wolltuch abgedeckt wurden. Reste der Grundmauern sind teilweise noch als Bodenunebenheiten zu sehen.

Das Althing war ein besonderes Ereignis im Jahr, und man nahm auch die Mühe eines langen Weges auf sich – von den Ostfjorden brauchte man mehr als 17 Tage –, um dabei zu sein. Es ging nicht allein um die Schlichtung von Rechtsstreitigkeiten. Nebenher fand ein großes Volksfest statt. Es wurde gefeiert, und Spiele und Wettkämpfe wurden durchgeführt. Vielerlei wurde gehandelt und verhandelt, nicht zuletzt die Verheiratung der Töchter des Landes. Auf den Inseln im See oder zwischen den Flußarmen fand der später verbotene Hólmgang (=Zweikampf, aus dem es kein Entrinnen gab) statt.

Seit dem Ende des isländischen Freistaates 1264 wurden auf dem Althing nur noch die Gesetze der jeweiligen Herrscher, erst Norweger, später Dänen, verkündet. Die Bedeutung ließ auch nach wegen der vielen Notlagen, die Island in der Folgezeit erlitt, bis das Althing 1800 ganz abgeschafft wurde und in Vergessenheit geriet.

Den Bemühungen des isländischen Freiheitskämpfers Jón Sigurdsson ist es zu verdanken, daß 1843 das Althing als Beratende Versammlung in Reykjavík wieder eingesetzt wurde. 1918 wurde eine freie Verfassung für Island in Personalunion mit Dänemark verkündet. Das Althinghaus (Parlamentsgebäude) in Reykjavík (Bild 53) wurde 1881 erbaut. Das Althing hat 60 Mitglieder, $\frac{2}{3}$ im Oberhaus und $\frac{1}{3}$ im Unterhaus, seit am 17. Juni 1944 in Thingvellir, der historischen Stätte der isländischen Freiheit, die Republik ausgerufen wurde. Der 17. Juni – der Geburtstag von Jón Sigurdsson – ist seitdem in Island Nationalfeiertag.

Thingvellir wurde durch ein Gesetz vom 7. Mai 1928 befriedet, d. h. unter Naturschutz gestellt. In dem Gebiet des jetzigen Nationalparkes stehen eine kleine Kirche und das Wohnhaus des Parkinspektors, der gleichzeitig Gemeindepfarrer für die Höfe der weiteren Umgebung ist. Außerdem hat man noch ein Hotel für den im Sommer sehr starken Ausflugsverkehr gebaut.

Bild 52 (rechts oben). Thingvellir (Thingplatz) und Almannagjá (Allmännerschlucht).
Bild 53 (rechts unten). Parlamentsgebäude in Reykjavík.

An der natürlichen Vegetation des Parkes werden keine Veränderungen mehr vorgenommen, so daß sich hier auf 27 km² Fläche eine Landschaft mit ungewöhnlich reicher Vegetation entfalten kann. Die 1898 von einem Dänen angepflanzten Kiefern und die später noch hinzugekommenen Nadelbäume sind umstritten und werden von den Naturschützern nicht anerkannt.

Kleine Weltstadt Reykjavík

Im Verhältnis zur Einwohnerzahl des ganzen Landes ist Reykjavík mit knapp 50% die größte Hauptstadt der Welt. Absolut gerechnet ist sie mit ihren derzeit rund 100 000 Bewohnern eine kleinere Stadt.

Die Bevölkerung nahm erst in den letzten Jahrzehnten schnell zu: 1801 waren 301 Einwohner, 1850 etwa 1200, 1925 ungefähr 20 000, 1940 ca. 38 000, 1965 bereits 77 950, und 1974 waren die 100 000 erreicht.

Jökull Jakobsson schrieb über Reykjavík: „Einerseits ist sie eine Weltstadt geworden, bewohnt mit ländlicher Bevölkerung, andererseits ein ländliches Dorf mit Weltbürgern." In den zwanziger Jahren tummelten sich noch Pferde in den Straßen. Man brauchte sie weniger als Zugtiere, sondern mehr zu allen möglichen Arbeiten, z. B. im Hafen. Mittags liefen sie von selbst nach Hause, um Futter zu bekommen oder an Wegrändern zu grasen. Heute ist auf den asphaltierten Straßen ein so starker Autoverkehr, daß für Pferde kein Platz mehr ist. Es gibt Verkehrsampeln und Verkehrsschilder wie anderswo auch. Aber man kann Jakobsson zustimmen, wenn er meint, daß viele mehr nach Gefühl als unter dem Zwang der Verkehrsregeln fahren, so wie sie einst auf den Pferden geritten sind.

Durch die Jahrhunderte formten Holzhäuser – mit oder ohne Grassodenverkleidung – das Stadtbild. Nach einer kurzen Übergangszeit, in der mehr zweckmäßig als schön mit Wellblech gebaut wurde, brachte die Betonbauweise einen Wandel in das Stadtbild. Den Zement liefert eine staatliche Fabrik in Akranes, nicht weit von Reykjavík. Kalkstein kommt in Island nicht vor. So beutet man eine 1 – 5 m mächtige Muschelbank in 30 m Tiefe im Borgarfjördur aus. Das außerdem für die Zementherstellung erforderliche kieselsäurehaltige Gestein ist ausreichend vorhanden.

Fast alles wird heute aus Beton gebaut: Wohnblocks, Hochhäuser, Hotels, die Universität und die Hallgrimskirche. Es ist nicht verwunderlich, daß in einer derart schnell wachsenden Stadt schöne und weniger schöne Häuser gebaut worden sind. Immer wieder sieht man Häuser, deren Fassaden Risse bekommen haben und an deren Ausbesserung gearbeitet wird. Die Ursache dafür ist, daß beim Gießen der großen Betonmauern Spannungen entstehen, besonders, wenn man sie zu schnell abbinden läßt. Dem eintönigen Baustoff versucht man eine besondere Note zu ge-

Bild 54. Wellblechhäuser in Árbær, einem Freilichtmuseum.

ben, indem man ihm bisweilen schwarzen Obsidiankies oder weiße Kalkspatkristalle beimengt. Sonst aber malt man die grauen Mauern gern in den buntesten Farben an. Auch die Wellblech- oder Eternitdächer werden entsprechend angestrichen.

Die Isländer erwerben, wenn irgend möglich, lieber eine Eigentumswohnung, anstatt zur Miete zu wohnen. Die Wohnungen sind meist mit allem Komfort ausgestattet. Im Stadtkern gibt es noch ältere Gebäude, von denen einige unter Denkmalschutz gestellt wurden. Wenn ein erhaltenswertes Haus abgerissen werden muß, dann baut man es am Rande der Stadt in Árbær wieder auf. Árbær ist ein alter Bauernhof aus dem Jahre 1464. Das dreigiebelige Haus wurde am Ende des vergangenen Jahrhunderts erneuert und mit Wellblech verkleidet (Bild 54). Es diente damals als Gasthof für Reisende von und nach Reykjavík. 1948 wurde es von seinen Besitzern aufgegeben und 1957 vom Staat als Kernstück eines Freilichtmuseums übernommen. Nun werden auf das Gelände historische Bauten – nicht nur aus Reykjavík verlagert und der Öffentlichkeit zugänglich gemacht.

Für Reykjavík wurde 1924 wegen Seuchen- und Beißgefahr ein Hundeverbot erlassen, das heute noch besteht. Jakobsson meint dazu: „Als Konsequenz können die Fußgänger ihre Köpfe hochhalten ohne das Risiko, ihre Schuhe zu beschmutzen

Bild 55. Heißwassertanks sammeln das Wasser aus heißen Quellen; mit dem Wasser werden die Häuser in Reykjavík geheizt.

oder auszurutschen und ihr Genick zu brechen in dem Produkt, das die Spezies über die Straßen und Bürgersteige von Städten in jedem anderen Lande verstreut." Reykjavík hat also offiziell nicht das anderenorts immer größer werdende Hundeproblem, wohl aber schätzungsweise 2000 heimliche Hundebesitzer, die ihre Tiere in der Wohnung halten und zum Ausführen auf das Land fahren müssen.

Auch den Katzen ist es in Reykjavík „an den Kragen gegangen". Wegen der Bedrohung der Vögel, besonders am Tjörn, dem Teich in der Innenstadt, müssen sie ein Halsband mit einem Glöckchen und einem Etui mit der Anschrift des Besitzers tragen.

Noch in den dreißiger und vierziger Jahren soll an windstillen Wintertagen ein dichter Smog über der Stadt gelegen haben. Dann aber wurde die schon vereinzelt übliche Warmwasserheizung der Häuser durch eine Gesellschaft (Hitaveita Reykjavíkur) systematisch eingeführt. Jetzt sind alle Haushalte an das Versorgungsnetz angeschlossen, wodurch Reykjavík zur rauchlosen Stadt mit sehr reiner Luft geworden ist. Aber auch andere Orte werden inzwischen mit Heißwasser beheizt.

Zwar heißt Reykjavík zu deutsch Rauchbucht, doch war mit dieser Bezeichnung der

Bild 56. Im Hafen von Reykjavík, im Vordergrund Strandkamille.

Dampf der heißen Quellen gemeint, der früher besonders im Bereich des Laugave-gur frei aufstieg. Damals wuschen die Frauen dort die schmutzige Wäsche. Hier wurden auch die ersten Bohrungen für das Heizwasser niedergebracht. Infolge des schnellen Wachstums der Stadt muß es jetzt auch durch lange, isolierte Pipelines weiter hergeleitet werden, z. B. von Reykir, 18 km östlich von Reykjavík. Auch eine Erweiterung auf noch weitergelegene Thermengebiete ist erforderlich. Auf einem Berg, von dem aus man einen umfassenden Rundblick über die Stadt hat, stehen die Heißwassertanks der Gesellschaft (Bild 55).

Das Wasser wird über 80 °C heiß in die Häuser geliefert. Nachher hat es noch eine Restwärme von 25 – 30 °C, und man benutzt es nun für öffentliche und private Schwimmbäder.

Für den Überlandverkehr besitzt Reykjavík eine zentrale Omnibusstation (Bifreida-stöd Íslands = BSÍ) und einen Flugplatz für Inlandflüge, von denen reger Gebrauch gemacht wird. Der internationale Flugverkehr wird über Keflavík, 80 km von Reyk-javík, abgewickelt. Der Güterverkehr geht über den Hafen (Bild 56), dessen Kapazi-tät ständig vergrößert wird

Literaturhinweise

BETZ, V.: Mineralien in Island, KOSMOS 1975, S. 116 – 122
FRANCKE/BONHAGE: Island, Zürich 1975
HANNESSON/JAKOBSSON: Reykjavík – A Panorama in four Seasons, Reykjavík 1974
Icelandair/Flugfélag Íslands (Herausg.), Faltblätter zu den Themen: Das Vogelleben in Island; Flora und Vegetation in Island; Über die Geologie Islands; Das Wikingerpferd in Island; Lachs- und Forellenfischerei in Island; Die Witterung in Island; Wissenswertes über Island; Das Mývatn-Gebiet
KARLSSON/ERLENDSSON: Island, die Insel im Nordatlantik, Reiseführer und Nachschlagewerk, Reykjavík 1972
KJARAN, B.: Skaftafell – Thingvellir, Reykjavík 1969
KUHN, H.: Das alte Island, Düsseldorf 1971
Landabréfabók (Atlas), Ríkisútgáfa Námsbóka 1970
V. LINDEN/WEYER: Island, Bern 1974
LÖVE, Á.: Íslensk Ferdaflóra, Reykjavík 1970
Merian: Island, Hamburg 1972
SAMIVEL: Island – Kleinod im Nordmeer, Stuttgart 1964
SCHÄFER, M.: Großponys und Kleinpferde, München 1972
SCHUTZBACH, W.: Island – Feuerinsel am Polarkreis, München 1976
SCHWARZBACH, M.: Geologenfahrten in Island, Ludwigsburg 1971
THORARINSSON, S.: Island, in „Die Nordischen Länder", Braunschweig 1967
THORARINSSON, S.: Surtsey – Geburt einer Vulkaninsel im Nordmeer, Zürich 1966
WEISS, W.: Island – Vulkaninsel am Polarkreis, Wien 1974
WUNDERLICH, H.-G.: Das neue Bild der Erde, Hamburg 1975

Sachregister